Competência e competências

EDITORA AFILIADA

Conselho Editorial de Educação:
José Cerchi Fusari
Marcos Antonio Lorieri
Marli André
Pedro Goergen
Terezinha Azerêdo Rios
Valdemar Sguissardi
Vitor Henrique Paro

Dados Internacionais de Catalogação na Publicação (CIP)
(Câmara Brasileira do Livro, SP, Brasil)

Competência e competências : contribuição crítica ao debate / Esméria Rovai (org.). — São Paulo : Cortez, 2010.

Vários autores.
ISBN 978-85-249-1602-1

1. Competências 2. Educação - Brasil 3. Educação - Finalidades e objetivos 4. Educação baseada na competência 5. Educação profissional - Brasil 6. Educação técnica - Brasil I. Rovai, Esméria.

10-03960   CDD-370.11

Índices para catálogo sistemático:
1. Competências na educação   370.11
2. Educação baseada na competência   370.11

Esméria Rovai
(Org.)

Competência e competências

Contribuição crítica ao debate

COMPETÊNCIA E COMPETÊNCIAS: CONTRIBUIÇÃO CRÍTICA AO DEBATE
Esméria Rovai (Organizadora)

Capa: aeroestúdio
Preparação de originais: Ana Paula Luccisano
Revisão: Eloisa Rive Moura
Composição: Linea Editora Ltda.
Coordenação editorial: Danilo A. Q. Morales

Nenhuma parte desta obra pode ser reproduzida ou duplicada sem autorização expressa do autor e do editor.

© 2010 by Autor

Direitos para esta edição
CORTEZ EDITORA
Rua Monte Alegre, 1074 – Perdizes
05014-001 – São Paulo-SP
Tel.: (11) 3864-0111   Fax: (11) 3864-4290
E-mail: cortez@cortezeditora.com.br
www.cortezeditora.com.br

Impresso no Brasil – julho de 2010

SUMÁRIO

Sobre os autores 7

Apresentação 9

Introdução 13

Educação profissional: a formação do cidadão produtivo e
transformativo
Esméria Rovai 21

Em busca das competências perdidas: "saber-conviver"
Léa Depresbiteris 68

O exercício competente da docência universitária em tempos de
incompetências sociais
Mara Regina Lemes De Sordi e Margarida Montejano da Silva 92

Cinco teses equivocadas sobre as competências para ensinar
Newton César Balzan 126

A construção permanente da competência
Terezinha Azerêdo Rios 149

Trabalho, formação docente e a noção de competências: um diálogo
com a sociologia do trabalho
Wanderson Ferreira Alves 167

SOBRE OS AUTORES

Esméria Rovai (organizadora), doutora em Psicologia da Educação pela Pontifícia Universidade Católica de São Paulo. Professora aposentada do Programa de Pós-Graduação do Centro Paulo Souza — CEETEPS. Membro da Comissão Coordenadora do Programa Especial de Formação Pedagógica de Docentes para as Disciplinas do Currículo da Educação Profissional de Nível Técnico — CEETEPS. Organizadora do livro *Ensino vocacional:* uma pedagogia atual, publicado pela Editora Cortez em 2005.

Léa Depresbiteris, doutora em Ciências da Educação pela Universidade de São Paulo- USP, mestre em Tecnologia da Educação pelo Instituto de Pesquisas Espaciais de São José dos Campos, habilitada no Programa de Formadores níveis I e II do PEI — Programa de Enriquecimento Instrumental — Teoria da Modificabilidade Cognitiva Estrutural, do Dr. Reuven Feuerstein, pelo ICELP — The International Center for the Enhancement of Learning Potential, Israel, diretora da Anima Persona — Consultoria e Assessoria em Educação, Comunicação e Desenvolvimento Social e autora de inúmeros livros e artigos na área de educação e de meio ambiente

Mara Regina Lemes de Sordi, doutora em educação pela UNICAMP. É docente da Faculdade de Educação da UNICAMP e pesquisadora do LOED (Laboratório de Observação e Estudos Descritivos). Tem desenvolvido vários estudos, publicações e orientações de tese sobre avaliação e pedagogia universitária. É integrante do Banco de Avaliadores de cursos e instituições do MEC/INEP. Atualmente presta assessoria em projeto de implantação de Avaliação Institucional nas escolas da rede municipal de Campinas.

Margarida Montejano da Silva é pedagoga, psicopedagoga, doutora em Educação pela UNICAMP, coordenadora do Curso de Pedagogia do UNIPINHAL e assessora pedagógica na Secretaria de Educação de Campinas.

Newton César Balzan, doutor em Ciências (UNESP), em 1974, com pós-doutorado nos Estados Unidos, Boston University, 1984. Foi professor de Estudos Sociais do Ginásio Vocacional "João XXIII", de Americana/SP, 1962-1966, e coordenador de Estudos Sociais junto ao Serviço do Ensino Vocacional, São Paulo, 1966-1968. Hoje é professor titular da Faculdade de Educação, PUC-Campinas, professor colaborador da UNICAMP e pesquisador sênior — CNPq.

Terezinha Azerêdo Rios, mineira de Belo Horizonte, doutora em Educação pela USP, é membro do Grupo de Estudos e Pesquisas sobre Formação de Educadores — GEPEFE/USP — e autora dos livros *Ética e competência*, *Compreender e ensinar*: por uma docência da melhor qualidade (Cortez Editora) e *Filosofia na escola*: o prazer da reflexão, em parceria com Marcos A. Lorieri (Editora Moderna).

Wanderson Ferreira Alves, professor da Faculdade de Educação da Universidade Federal de Goiás, doutor em Educação pela Universidade de São Paulo. Membro do Grupo de Estudos e Pesquisas sobre a Formação de Educadores (GEPEFE/USP).

APRESENTAÇÃO

De anônimas gentes sofridas gentes, exploradas gentes aprendi, que a paz é fundamental, indispensável, mas que a paz implica lutar por ela. A paz se cria, se constrói na e pela superação de realidades sociais perversas. A paz se cria, se constrói na construção incessante da justiça social. Por isso não creio em nenhum esforço chamado de educação para a paz que, em lugar de desvelar o mundo das injustiças, o torna opaco e tenta miopisar as suas vítimas.

Paulo Freire[1]

Desde o Império, no Brasil, temos o ensino profissionalizante destinado às camadas populares, mais precisamente a crianças e adolescentes que deveriam aprender os mais variados ofícios. Como exemplo temos os arsenais de guerra. No Rio de Janeiro, em 1834, crianças de 8 a 12 anos aprendiam, além do ofício, desenho e as primeiras letras. Em 1874, o Asilo de Menores Desvalidos, no Rio de Janeiro, transforma-se em Escola Profissional masculina. Essas crianças e adolescentes, os aprendizes, deveriam ser órfãos, indigentes ou filhos de pais reconhecidamente pobres.

No período republicano, com os decretos de 1909, o governo Nilo Peçanha funda as Escolas de Aprendizes Artífices, nas capitais brasileiras, dirigidas aos "filhos dos desvalidos da fortuna" (Decreto n. 7.566). Na Primeira República, os cursos técnicos destinados a cegos, surdos-mudos,

---

1. Fala de Paulo Freire, em Paris, 1986, ao receber o Prêmio Educação para a Paz da UNESCO.

e a "menores abandonados do sexo masculino" (art. 28 do Decreto n. 16.782-A de 1927). Na Constituição de 1937, o ensino técnico será para as classes menos favorecidas (art. 129), diferentemente do ensino secundário que terá a atenção da Reforma Francisco Campos, reforma que tratou de organizar preferencialmente o sistema educacional das elites.[2]

Esta dualidade: ensino para as camadas populares e ensino para formar "as individualidades condutoras" (art. 25 da Lei Orgânica do Ensino Secundário, Decreto-lei n. 4.244/42) fica explícita nos oito decretos que constituem a Reforma Capanema. De um lado, o ensino profissional destinado à formação de mão de obra para suprir as necessidades exigidas pelo projeto de Getúlio Vargas — criar as bases para a industrialização. De outro, o ensino secundário, para "a preparação intelectual geral que possa servir de base a estudos mais elevados de formação especial" (art. 1º da Lei Orgânica do Ensino Secundário, Decreto-lei n. 4.244/42), expressando com clareza o pensamento educacional que dominou os documentos legais: acentuar a tradição de um ensino secundário acadêmico, propedêutico e aristocrático.

Na história da educação brasileira está colocada a questão. Não pretendemos aqui aprofundá-la, mas convidá-los a ler a obra que ora apresentamos. A partir da retomada das origens do ensino profissional no Brasil, os autores analisam a questão da competência e competências, atualmente tão valorizada nos documentos dos órgãos oficiais.

- O que significam esses conceitos?
- A que valores estão relacionados?
- Ao empregarmos esses termos, que projeto de sociedade buscamos desenvolver?
- Quais os nossos compromissos?

É mais do que se opor à racionalidade técnica, à luz da psicologia, da educação, da sociologia, da filosofia, ao propor uma racionalidade crítico-reflexiva, esses autores defendem em todos os textos uma formação que não esteja a serviço do capital e da alienação dos trabalhadores,

---

2. Romanelli, Otaiza de O. *História da educação no Brasil*. 9. ed. Petrópolis: Vozes, 1986. p. 141.

mas uma formação inicial e continuada na escola e nos múltiplos e diversos espaços educativos e formativos, no sentido de prepará-los para que sejam mais capazes de ler a realidade e de contribuir para a solução dos problemas que afligem a sociedade brasileira, na direção de uma realidade digna para todos. Ou como afirma Paulo Freire "na luta para a superação de realidades sociais perversas".

Fica então o convite à leitura dos textos aqui incluídos e à reflexão a respeito de nossos sonhos, projetos e compromissos enquanto educadores e militantes.

Regina Célia Pereira Baptista dos Santos
Fevereiro, 2009.

INTRODUÇÃO

A humanidade adentra o terceiro milênio vivendo um período de transformações socioeconômicas e culturais em ritmo que parece extrapolar a intensidade experimentada em períodos anteriores, ritmo esse que toma crescente velocidade a partir da segunda metade do século XX. Herda desse século um desenvolvimento científico e tecnológico em intenso processo de inovação, mas herda também, associado a esse mesmo desenvolvimento, um estado de crise mundial de natureza complexa e de dimensões intelectuais, morais e espirituais, bem descrito por Fritjof Capra.[1] Uma crise, segundo ele, de escala e premência sem precedentes na história, pois pela primeira vez nos defrontamos com a real ameaça de extinção da raça humana e de toda a vida no planeta. Essa crise representa o enorme desafio de repensar o modo de se conduzir o processo evolutivo da sociedade humana, já nas próximas décadas, um desafio que diz respeito, sobretudo, à instituição educacional.

Em sua investigação sobre as causas dessa crise, Capra aponta a ênfase dada ao pensamento racional em nossa cultura, fenômeno também denominado por Edgar Morin de falsa racionalidade, fruto da visão cartesiana-newtoniana de ciência, o que encorajou os indivíduos ocidentais a equipararem sua identidade com sua mente racional e não com seu organismo total.

Todavia, esse modelo de ciência, cujos princípios orientam a pesquisa e o ensino ainda hoje, está com seus pilares — ordem, separabilidade

---

1. Capra, Fritjof. *O ponto de mutação.* São Paulo: Cultrix, 2006. cap. 1.

e razão absoluta — profundamente abalados. No século passado, a ciência moderna, que nasceu com o propósito de desvendar as leis da natureza como verdades absolutas, fez a grande descoberta de que essas verdades não existem. São elas sempre descrições limitadas e provisórias da realidade, com períodos de duração cada vez mais curtos, em decorrência da própria evolução científica. A certeza foi substituída pela incerteza; a neutralidade viu-se superada pela descoberta (por físicos) de que o viés do observador afeta o fenômeno observado; consequentemente, o critério de objetividade ganha novos parâmetros; a fragmentação e o reducionismo são substituídos pelo princípio de que o todo é mais do que a soma das partes; a linearidade e a simplicidade foram destronadas pela ideia de rede e complexidade. Surgia nas primeiras décadas dos anos 1900 a construção de uma nova concepção sistêmica de estudos dos fenômenos naturais e humanos em decorrência da abordagem quântica da Física.

Diante desse quadro, a educação formal tem a enorme responsabilidade de rever a sua prática na direção de um modelo que supere as deficiências da formação profissional que constituem um grave obstáculo ao desenvolvimento do país. É nesse contexto que se torna oportuno refletir sobre a adoção das competências na formação escolar, desde as primeiras séries, pois essa noção e sua aplicabilidade na formação profissional são as mais recentes manifestações da ênfase à racionalidade técnica. Essa forma de pensar tem sido apontada por vários pensadores como um dos principais fatores da queda na qualidade da educação, em geral, e também da educação profissional, como pode ser visto no decorrer dos capítulos deste livro.

Encantada pelos rumos do desenvolvimento científico-tecnológico, a escola parece não ver outra função a não ser a formação do homem técnico a serviço do setor produtivo que, para seu atendimento em constante mudança, direciona o processo para uma preparação rápida, superficial e fragmentada — *a fast education*. Esse tipo de educação não seria tão problemático se a opção pela formação profissional viesse amparada por uma sólida formação básica. O que, infelizmente, não vem acontecendo, sobretudo nas escolas públicas.

Presas às soluções imediatistas, ao comércio e ao lucro (já que a educação vem se transformando em agências de negócio fácil), as instituições de ensino estão contribuindo para os graves problemas sociais que hoje a humanidade enfrenta, nas mais diversas áreas, com destaque para a própria educação, saúde, alimentação, transporte, segurança, meio ambiente, ética e bem-estar social.

Questões como essas têm sido motivo de preocupação de muitos, mas infelizmente não tantos o suficiente para provocar as desejadas mudanças na educação. Essa preocupação, no entanto, incentivou um grupo deles a problematizar a educação profissional e a formação por competências que no Brasil dos anos 1980, a exemplo de outros países integrantes da economia globalizada, passa gradativamente a fazer parte do ideário da educação brasileira e, pela Lei Federal n. 9.394/96, segunda Lei de Diretrizes e Bases da Educação Nacional, é formalmente introduzida ao sistema de ensino.

É nessa época que a sociedade brasileira intensifica seu perfil científico e tecnológico que vinha se formando desde a implantação do parque industrial nos anos 1930. O germe de uma mudança no sistema produtivo ganha intensidade em decorrência da necessidade de se inserir na dinâmica da sociedade global, em ritmo cada vez mais acelerado de desenvolvimento. A exemplo do que acontece em outros países, aqui também o processo de produção se vê obrigado a buscar novos modelos de gestão. A lógica da competência que se firma como opção na superação do modelo taylorista-fordista, de produção em série, chega a nossa realidade sem contudo encontrar as mesmas condições de infraestrutura e de políticas públicas para enfrentar a ruptura de modelos de produção e de educação na proporção que sinalizava.

Um novo profissionalismo surge nesse contexto, em que o trabalhador preparado para ocupar um posto de trabalho deve ser substituído pela figura do profissional com visão de processo — aquele que concebe, planeja, executa e avalia. No entanto, a opção pela formação por competências passa a fazer parte do desenvolvimento do novo profissional do tipo especialista, em virtude da impossibilidade de se possuir um saber enciclopédico em face da crescente acumulação do conhecimento na "era da incerteza".

O profissional generalista cede espaço às equipes multidisciplinares, pois qualquer situação mais complexa excede as competências de um único indivíduo, exigindo cada vez mais a organização de uma prática interdisciplinar e coletiva de trabalho. E a comunicação, desnecessária no sistema de produção em série, passa a ocupar papel fundamental na atuação do novo profissional.

No entanto, a boa formação do profissional competente deve prepará-lo para contínua aprendizagem de modo a expandir em abrangência e profundidade o seu conhecimento, na tentativa de ultrapassar os estreitos limites da sua especialidade. A formação do especialista canalizada estritamente no viés do saber disciplinar, segundo os parâmetros do paradigma positivista, ainda predominante na formação escolar e profissional, conduz a um saber rotineiro, restrito a um saber específico, de poucos contatos com outras áreas do conhecimento, priorizando o processo analítico que leva, muitas vezes, ao desvario reducionista de saber cada vez mais sobre cada vez menos.[2] Do ponto de vista da formação, isso representa um tipo de preparo empobrecedor, com rápido poder de obsolescência e dispêndio de esforços e recursos que seriam mais bem aplicados para uma sólida formação a preparar jovens ingressantes no mundo do trabalho para o contínuo aprendizado e expansão do seu repertório de conhecimentos e estratégias que se volte à criação de uma cultura da inovação científica e tecnológica com vistas à solução dos graves problemas sociais, ao desenvolvimento sustentável e à construção de um mundo socialmente menos perverso.

A formação por competências ganhou muitos adeptos ensejando a substituição nos currículos escolares dos "conteúdos específicos" por "competências específicas". No processo, ganhou também muitos críticos, pois em que pese a conotação positiva que o termo pode suscitar, a gerar uma expectativa de qualidade na educação escolar e na formação profissional, são frequentes as notícias de que a educação brasileira, em todos os níveis escolares, vem mantendo um ritmo de queda nos seus resultados. E, pior, em um contexto de complexidade crescente, parece aumentar a sensação de falta de confiança na competência dos profissionais, em suas diversas dimensões — técnica, política, ética e estética —, sejam eles de

---

2. Greco, Milton. *Interdisciplinaridade e revolução do cérebro*. 2. ed. São Paulo: Pacast, 1994. p. 55.

formação básica, de nível técnico ou mesmo de ensino superior, tecnológico ou não.

Descontentes com os rumos da formação por competências e não partidários da visão com que essa noção foi inserida na prática educativa, os autores deste livro se uniram em torno do projeto de publicar um trabalho dedicado especialmente a formadores, cujo eixo é centrado na crítica à abordagem epistemológica e metodológica de cunho positivista que a fundamenta.

Os autores não desconsideram as diferenças sociais e econômicas, os diferentes Brasis, tampouco a realidade educacional de diferentes comunidades, algumas delas ainda a buscar uma formação técnica básica, outras em fase de transição, enquanto outras já se apresentam com condições de superar uma formação profissional estreita.

No entanto, a preocupação aqui transcende aspectos particulares para atingir o que há de essencial no processo educativo: os valores universais do homem. O objetivo é oferecer elementos para a reflexão sobre a educação profissional não apenas como um instrumento adaptativo a preparar o cidadão para o processo produtivo, mas, e principalmente, a ele acrescentar o papel transformador necessário para ajudar a construir uma cultura com ênfase também em outras dimensões que desenhe um perfil mais humano, mais justo, mais solidário. Por isso, o interesse vai além de uma educação que garanta ao indivíduo o desenvolvimento cognitivo, dimensão sobre a qual recai a grande preocupação com a formação de competências, em muitos casos ainda muito aquém do desejável.

O termo competência, um construto que como qualquer outro a pretender explicar o funcionamento dos processos cognitivos e afetivos humanos, assume um caráter polissêmico com diferentes significados e uma multiplicidade de usos que se confundem com capacidades, habilidades, aptidões, desempenho, um saber-fazer restrito à ação operacional e até mesmo objetivos comportamentais. São dados que mostram a complexidade para o seu emprego a exigir maior cuidado e reflexão na sua aplicação com propósitos educacionais, tendo em vista a busca da qualidade na formação escolar e profissional.

Esse termo no plural — competências — vem sendo empregado para designar os conteúdos específicos de cada qualificação ocupacional, enquanto competência, no singular, designa um conjunto de qualidades a ser desenvolvido pela pessoa em seu processo de formação profissional, fruto de interações entre uma estrutura bem organizada de conhecimento e a experiência prática, que a capacita a agir com criatividade diante de situações-problema inusitadas, na área de sua especialidade. Em que pesem as confusões reinantes, o termo no plural parece ser aquele que vem predominando nos "projetos pedagógicos" (se é que se pode se chamar assim) da formação.

A decisão por um ou outro enfoque determina a fundamentação teórico-metodológica, questão trabalhada nesta obra. Os seis capítulos são construídos tendo como eixo a abordagem crítica da formação por competências na perspectiva da racionalidade técnica, porém guardam independência quanto à elaboração do tema. Cada autor tem algo de muito importante a dizer sobre o tema a partir das muitas vozes internalizadas no decorrer da sua vivência e vasta experiência como docente.

No texto *Educação profissional: a formação do cidadão produtivo e transformativo*, Esméria Rovai busca em obras atuais os argumentos que se alinham na visão crítica sobre a educação escolar básica e a profissional de nível técnico e superior, em suas dimensões epistemológicas e metodológicas, como vem sendo fundamentada e conduzida, com o propósito de se pensar seriamente o significado da profissionalização no mundo contemporâneo.

Léa Depresbiteris no seu trabalho *Em busca das competências perdidas — saber conviver* tem como finalidade apontar alguns dos aspectos que se desvelam quando se trata do assunto. Destaca o saber-conviver, uma das dimensões que considera essencial a mobilizar, para uma ação construtora de uma sociedade mais democrática, mais justa e, por que não, mais feliz?

Em *O exercício competente da docência universitária em tempos de incompetências sociais*, Mara Regina Lemes de Sordi e Margarida Montejano da Silva constroem um ensaio em que apresentam a formação universitária como uma das possibilidades de contestação do status quo e elegem o docente como um tradutor eticamente comprometido em fazer aflorar nos estudantes, já que se fala em competências, por que não também aquelas socialmente pertinentes colocando, sob suspeição, as competências regidas pelo viés mercadológico. Falam de um sim crítico ao discurso das competências, das fronteiras da docência universitária, assim como da pedagogia capaz de agregar valores socialmente pertinentes no ensino superior.

Newton César Balzan em *Cinco teses equivocadas sobre as competências para ensinar* redige um texto voltado à educação superior a partir de contra-argumentações a equívocos constatados em relação às chamadas competências para ensinar, tanto em sua interpretação como em sua aplicação, sobre as quais convida o leitor, com ele, a refletir.

Em *A construção permanente da competência*, Terezinha Rios retoma a reflexão já realizada em alguns de seus trabalhos anteriores, propondo-se a problematizar a hegemonia do significado da competência tal como se revela na tendência tecnicista — competências — e ampliar a discussão sobre a questão, a partir de experiências concretas na formação continuada de profissionais, no campo da educação e em outras áreas.

O texto *Trabalho, formação docente e a noção de competências: um diálogo com a sociologia do trabalho*, de Wanderson Ferreira Alves, apresenta algumas das interpretações que permeiam as reflexões sobre o tema das competências profissionais entre os educadores brasileiros e traz para a discussão as contribuições da sociologia do trabalho. Ao retomar o debate entre os fundadores da sociologia do trabalho francesa, G. Friedmann e P. Naville, argumenta em direção à compreensão da qualificação profissional como uma relação social complexa e multideterminada. Indaga pelo sentido corrente da contraposição entre qualificação e competências em nosso país e assinala alguns dos crescentes desafios que o mundo do trabalho impõe aos pesquisadores.

A ordem para a leitura dos textos não precisa ser necessariamente sequencial, mas a unicidade de pensamento dos autores entrelaça todos eles. Cada leitor pode fazer suas escolhas e organizar o seu roteiro. Em cada texto encontrará contribuições para esclarecer, enriquecer e alimentar a necessária reflexão sobre o assunto.

Boa leitura!

Esméria Rovai

EDUCAÇÃO PROFISSIONAL:
a formação do cidadão
produtivo e transformativo

Esméria Rovai

> *A metafísica monetarista*
> *estabiliza moedas e desestabiliza famílias;*
> *reduz a inflação e aumenta a miséria;*
> *socorre bancos e multiplica o desemprego;*
> *abraça o mercado e despreza o direito à vida — e vida em abundância para todos.*
>
> Frei Beto

A educação profissional, considerada um elemento estratégico para a construção da cidadania e para uma melhor inserção de jovens na sociedade contemporânea, conforme o discurso oficial,[1] reveste-se cada vez mais de importância, não só pelo desenvolvimento da conjuntura socioeconômica, mas, sobretudo, porque sinaliza a tão renegada associação entre educação, trabalho e vida.

---

1. Ver Publicação Oficial — Proposta em discussão — Políticas Públicas para a Educação Profissional e Tecnológica. Brasília, abr. 2004.

Essa associação, no entanto, sofre o mesmo viés que tem conduzido, desde os primórdios, a política educacional brasileira. Peterossi e Araújo (2003) apontam a pressão que o desenvolvimento científico e tecnológico exerce sobre a vida humana, hoje, como a grande responsável pela aproximação cada vez maior entre a educação propedêutica e a formação profissional. Caminho a trilhar se se deseja que o Brasil tenha condições de enfrentar o ritmo de desenvolvimento que a sociedade globalizada impõe e, desse modo, ingressar numa fase de criação de tecnologia para o desenvolvimento sustentável, deixando de ser mero repetidor de tecnologias importadas, muitas delas já ultrapassadas no país de origem.

Está o país, realmente, diante de uma imperiosa necessidade. Porém, parece não haver consenso quanto a ser este o único ou o melhor caminho a ser percorrido para o país superar a condição de subdesenvolvido ou emergente, uma vez que essa aproximação se dá sob o domínio de uma concepção cientificista e tecnológica assentada em pressupostos questionados por uma nova visão de ciência, o que vem afetando todos os campos do conhecimento humano.

Não estaria a crise econômica, recentemente enfrentada pela comunidade mundial, a indicar a fragilidade de um modelo de desenvolvimento estruturado em tais fundamentos?

Na busca de outros caminhos, essa associação pede uma nova abordagem do processo educativo, ancora em novas bases teórico-metodológicas. É, pois, mais do que momento de se repensar o universo das palavras e buscar modelos que superem as tradicionais dicotomias que sempre permearam a educação no país: escola de cultura geral/escola utilitarista; ensino teórico/ensino prático. Adquirir conhecimentos ou desenvolver competências representa a visão dicotômica mais recente que reforça as anteriores e polariza o sentido de cidadania a se construir: o cidadão produtivo ou o cidadão transformativo?[2]

Como uma das últimas medidas oficiais, a adoção da formação por competências constitui um discurso empolgante para muitos. Para outros,

---

2. Para uso desses termos me inspiro no livro de Frigotto, G.; Ciavatta, M. *A formação do cidadão produtivo*: a cultura do mercado no ensino médio técnico. Brasília: INEP, 2006.

preocupante, pois a complexidade da noção de competência e o modo como vem sendo abordada na educação levam a inúmeros questionamentos. Um deles me incentivou a buscar na literatura porque a adoção dessa noção suscita dúvidas quanto a sua viabilidade para resolver sérios problemas do nosso sistema de ensino, entre eles o da formação que proporcione ao profissional as condições necessárias para construção de sua competência.

Ao chegar e rapidamente dominar o sistema educacional, como entendem Ropé e Tanguy (2004, p. 19), além de um efeito de moda apontado pelas autoras, também já aventado por Perrenoud (1999), teria o emprego dessa noção o propósito de atender a um modelo de sociedade que se coloca de modo enfático a serviço do setor produtivo, esquecendo-se de outras dimensões relevantes à vida humana? Não estaria ainda a sugerir que o setor educacional, ao adotar esse discurso, o faz empregando os termos sem a verdadeira compreensão de seus significados, sem uma análise e reflexão mais profunda, como os muitos que já o antecederam, sobre o novo perfil científico e tecnológico que vem assumindo a nossa sociedade?

Intriga-me o fato de a escola, de um modo geral, pular de modismo em modismo, sem alcançar domínio sobre os seus referenciais teóricos e sem aperfeiçoar e aprofundar a sua prática de modo a acumular conhecimento sobre o fazer pedagógico apropriado às diferentes realidades deste nosso Brasil, como se vem assistindo nas últimas quatro décadas. A teoria de Jean Piaget chega aqui no final dos anos 1950 e até hoje muitos de nossos educadores ainda não sabem o que é o construtivismo interacionista. O mesmo acontece com o sociointeracionismo de Vigotsky, que surge nos anos 1980. Tenho tido alunos formados em Pedagogia que alcançam à pós-graduação com visão superficial e fragmentada dessas e outras teorias relacionadas à educação, o que sugere a pergunta: tais cursos estão a desejar na formação das competências dos pedagogos?

Com essas e muitas outras indagações este texto reúne argumentos de diversos autores que se alinham na visão crítica ao modo vigente e predominante de pensar a formação escolar básica e a profissional de nível médio e superior, a fim de se pensar sério o que significa o desafio da profissionalização no mundo contemporâneo.

Além de configurar o cenário do surgimento da noção de competência e trazer os argumentos que discutem criticamente a formação profissional, assim como sugerir alternativas, o texto começa por traçar o viés tradicional que persiste na educação profissional. Para melhor situá-lo, inicia pelas suas raízes históricas, a fim de pontuar que aí se situa a origem de sérios entraves para uma ruptura, no discurso e na prática, com modelos convencionais de educação escolar.

Trajetória da educação profissional

Na Primeira República, surgem as primeiras iniciativas para o ensino profissionalizante na tentativa de acompanhar as indústrias que já começavam a ser implantadas no país. São iniciativas desarticuladas do sistema educacional vigente e, assim, se inaugura um sistema de ensino dualista. De um lado, um ensino elementar e profissionalizante para as camadas populares e um ensino secundário propedêutico, ou acadêmico, voltado para o ensino superior, destinado à formação dos filhos da elite.

Para Anísio Teixeira, essa estrutura refletia a organização da sociedade brasileira, sutilmente hierarquizada no seu dualismo de elite e povo (*apud* Rovai, 1996, p. 59).

A formação acadêmica, nesse período, além de se revestir de um caráter ilustrativo para os jovens de classe alta, formava os quadros políticos e administrativos, enquanto os cursos profissionalizantes eram considerados meros preparadores de mão de obra para o trabalho manual, na época estigmatizado pela sua associação ao trabalho escravo, uma ideia que para muitos educadores era preciso suplantar. Já nas primeiras décadas do século XX começavam manifestações por uma reforma do ensino na tentativa de se criar uma escola para todos (escola única).[3]

---

3. Ver Azevedo, Fernando de. *Novos caminhos e novos fins*: a nova política de educação no Brasil. São Paulo: Ed. Nacional, 1934, p. 21.

No entanto, tal dualismo cujo viés separava o trabalho manual e o teórico insistiu em vigorar em nosso sistema educacional na década de 1930, com a Segunda República, e nas décadas seguintes, apesar de movimentos que buscaram avançar na questão da preparação profissional e de sucessivas leis, na tentativa de acompanhar os novos contextos que clamavam por mudanças. Com a opção do Estado Novo em investir no processo de industrialização, que alcança sua fase de afirmação no governo Juscelino Kubtischek de Oliveira, 1956 a 1961, assiste-se à substituição gradativa da sociedade agrária pela industrial.

A crescente migração rural e das pequenas cidades para os grandes centros urbanos, em busca de emprego, foi gradativamente mudando o perfil da sociedade, hoje predominantemente urbana. Nesse quadro, a democratização da escola tornou-se um imperativo, pois era preciso formar mão de obra para a indústria emergente, que exigia o preparo para execução de tarefas que compreendiam operações simples.

Com a inesperada expansão da industrialização no país, a escola propedêutica

> passou a ser demandada pelas classes médias, aumentando consideravelmente as matrículas no ensino secundário: tal fato se deveu ao aumento de empregos burocráticos e comerciais, assim como ao interesse dos jovens [da classe média] em ocupações não manuais. A educação propedêutica passou a cumprir, também, o papel da educação profissional, acarretando uma formação que não servia nem ao mercado de trabalho, nem ao ingresso em cursos superiores (Franco et al., 2004, p. 13).

O movimento pela mudança da educação encetado pelos pioneiros da Escola Nova destaca-se, pela sua relevância, com um manifesto por uma escola única para todos, em 1932. Todavia, suas ideias, não totalmente contempladas nas leis das décadas de 1930 e 1940, levam os pioneiros a um segundo manifesto no final dos anos 1950, com a reivindicação de um sistema de ensino, desde a antiga escola primária que, ao incluir os fundamentos de teorias científicas e o ensino das técnicas, buscasse uma equivalência entre os estudos acadêmicos e profissionalizantes. Trata-se de um recorte significativo numa trajetória de luta que se pautava pela resistência às mudanças. Observa-se, assim, duas forças nessa luta: uma conservadora que tenta manter o *status quo* e outra em favor de reformas e mudanças.

Com a reforma do Ensino Industrial, a criação dos Ginásios Vocacionais,[4] em 1961, no Estado de São Paulo — uma nova concepção de escola secundária — prometia a grande ruptura. O projeto pedagógico, que inova ao propor uma organização curricular integrada e, pela primeira vez, toma o trabalho como categoria totalizadora, não separando a teoria da prática — dimensões de um ato único no processo de trabalho — representava a expressão muito bem articulada dessa tendência, infelizmente abortada, em 1969, por questões que até hoje se explicam por conotações muito mais ideológicas, conservadoras, do que por argumentos técnica e cientificamente fundamentados.

Com a primeira Lei de Diretrizes e Bases da Educação Nacional, n. 4.024/61, que confere equivalência entre os dois tipos de ensino, essa nova modalidade de escola ganhava respaldo, mas com a vigência dos acordos MEC-USAID, a opção recai sobre os Ginásios Orientados para o Trabalho (GOT), que em São Paulo passam a ser chamados de Ginásios Pluricurriculares. A proposta desses ginásios trazia, em seu bojo, a ideia de profissionalização no ensino secundário, porém em uma concepção meramente tecnicista de formação de mão de obra qualificada, indispensável ao avanço da indústria florescente. Com isso, o sistema educacional dá um passo à frente e outro atrás, registrando mais uma vitória do pensamento conservador, pois o ensino secundário mantém uma escola eminentemente propedêutica e outra profissionalizante.

Outras importantes iniciativas[5] ocorreram na direção de uma revisão dessa dualidade, entre elas destaca-se a Lei n. 5.692/71, que reformula a Lei n. 4.024/61 ao instituir a profissionalização universal e compulsória para o ensino médio. Entretanto, sob inspiração da Teoria do Capital Humano, a educação procurou, mais uma vez, atender aos princípios de racionalidade e eficiência do mercado produtivo, com um currículo de

---

4. Ver Rovai, Esmeria (Org.). *Ensino vocacional*: uma pedagogia atual. São Paulo: Cortez, 2005.
5. Ver Franco *et al.*, 2004

viés tecnicista, incapaz de revolucionar a educação deste nível de ensino no Brasil. Esse é o risco que pode ocorrer também com o modelo de ensino por competências.

Eis a razão da preocupação de muitos educadores, na medida em que se verifica que a raiz do problema do sistema educacional se mantém presente, transfigurada por belos discursos de mudanças que na prática não acontecem. Para Demo (2006, p. 21), "é comum o discurso pedagógico em torno da 'transformação social', embora não se consiga ver onde isso de fato ocorre", o que revela o emprego de palavras vazias de significados. Afinal, ainda existem duas escolas: a dos ricos, no ensino fundamental, em instituições particulares, e a dos pobres, na escola pública, com inversão desse quadro no ensino superior. O ensino técnico profissionalizante continua voltado para os menos favorecidos, amparado sob nova regulamentação, apesar de os novos contextos sugerirem mais ousadia. Realidade que a nova Lei de Diretrizes e Bases/1996 (LDB), não consegue superar. Porém, antes de falar sobre os rumos do ensino profissionalizante com a nova LDB, o espaço agora se reserva a um recorte para mostrar como o conceito de competência surge em nosso cenário.

A revolução científica e tecnológica instala uma nova dinâmica social

Na realidade brasileira e mundial, a década de 1960 é um período de grandes rupturas nos planos político, social e cultural. A evolução científica e tecnológica, em seu processo de realimentação cada vez mais acentuado, introduz mudanças no processo produtivo, influenciando a organização de todos os setores da vida em sociedade, mas o eixo econômico conservador permanece.

Nos anos 1980, essa evolução gera um acelerado processo de intercomunicação e interdependência das economias dos países desenvolvidos, com livre fluxo de capital, que repercute de modo drástico nos países em desenvolvimento, ou emergentes, como é o caso do Brasil, na medida em que traz novo impacto à economia local, impulsionando-a para uma integração gradativa ao mercado mundial. Estabelece-se um novo cenário no âmbito das relações internacionais e a globalização reforça a competitividade e obriga a revisar e introduzir outras formas de gestão nos processos de produção e comercialização, uma vez que o sistema de produção em massa e em série, de concepção taylorista, de trabalho e de trabalhador, já entrava em processo de esgotamento, ao não responder às exigências do setor produtivo que, para atender ao ritmo de produção e consumo, adota os processos de automação.

Segundo Zarifian (2001), nesse sistema o trabalho tem uma natureza fragmentada e define-se como um conjunto de operações elementares de transformação da matéria que se pode objetivar, descrever, analisar, racionalizar, organizar e impor na oficina, de antemão, para a fabricação de um produto, cujo processo obedece a uma sequência lógica das operações. Essas consistem em gestos, como: cortar uma barra de metal, lixar, apertar um parafuso etc. O trabalhador é capacitado a realizar uma dessas operações num dado local — o "posto de trabalho" —, mas com a perda do contato com o processo de produção no seu todo.

Como aponta esse autor, essa década configura um processo de ruptura no sistema de produção, pois o trabalho fragmentado e em série, que, pela sua repetição contínua, confere qualificação ao trabalhador no posto de trabalho, sofre grandes transformações.

Delors (1998) descreve esse processo chamando a atenção para o fato de que, se nos anos 1960 a indústria emergente buscava mão de obra treinada para atender às necessidades produtivas do modelo taylorista de produção, o avanço tecnológico foi colocando novas demandas determinadas por processos de produção automatizados, em que os "técnicos" passaram a ter de lidar com máquinas dotadas de "inteligência". Com a substituição da mão de obra pelas máquinas, enfatiza o autor, o trabalho humano torna-se cada vez mais imaterial, de caráter cognitivo, com ênfase em atividades de concepção, planejamento, execução, controle e avaliação.

Nos termos de Zarifian (2001, p. 40), o trabalho passa da solicitação do corpo à solicitação do cérebro, ou seja, da execução de uma tarefa específica ao entendimento do processo. Para ele, essa é a ruptura da lógica do posto de trabalho para a lógica da competência, e para isso concorreu aquilo que ele chama de *eventos* — tudo que ocorre de maneira não prevista e inesperada, e introduz perturbação no sistema de produção adotado, como é o caso do surgimento de novas técnicas e tecnologias, novos conhecimentos e até mesmo ocorrências climáticas, políticas e sociais. Ocorrências que passaram a ganhar maior frequência, configurando o novo período histórico denominado "era de incertezas".

É assim, pela via do mercado produtivo, com origem em países europeus, que a noção de competência surge no cenário profissional, na década de 1980, até então dominado pela noção de qualificação. O Brasil segue essa tendência.

A nova LDB e a educação profissional

Durante o período de florescimento do parque industrial no país, o modelo taylorista-fordista influenciou o modo de organizar a educação escolar desde os primeiros anos e, com isso, até o final dos anos 1970,

> a formação profissional limitava-se ao treinamento para a produção em série e padronizada, com a incorporação maciça de operários semiqualificados, adaptados aos postos de trabalho, desempenhando tarefas simples, rotineiras e previamente especificadas e delimitadas. Apenas uma minoria de trabalhadores precisava contar com competências em níveis maiores de complexidade, em virtude da rígida separação entre o planejamento e a execução (Franco *et al.*, 2004, p. 56).

Tal realidade, de há muito, vinha sendo questionada e, na década de 1980, por força da economia globalizada, a mudança no sistema de produção faz surgir no universo do trabalho um novo profissionalismo, com repercussões no campo da educação e da formação profissional. Começa, assim, a gestação da ideia da formação por competências advinda de outros contextos, para aumentar as condições de empregabilidade, numa realidade que já se ressentia do desemprego.

Em dezembro de 1996, a segunda Lei de Diretrizes e Bases (LDB), Lei Federal n. 9.394, referenda a noção de competência, quando prescreve que na educação profissional o conhecimento adquirido poderá ser objeto de avaliação, reconhecimento e certificação para prosseguimento ou conclusão de estudos (art. 41).

Entre as mudanças, a educação escolar passa a compreender dois níveis: educação básica, formada pela educação infantil, ensino fundamental e ensino médio, e educação superior (art. 21).

O ensino técnico volta a desvincular-se do ensino médio para "integrar-se" às diferentes formas de educação, ao trabalho, à ciência e à tecnologia, objetivando a condução ao permanente desenvolvimento de aptidões para a vida produtiva (art. 39). Desse modo, o ensino médio destina-se à preparação básica para o trabalho e a cidadania, enquanto a formação técnica, a "estudos específicos que habilitem para uma profissão técnica ou preparem para *postos de trabalho* definidos", em escolas técnicas e profissionais (CEB-PAR. n. 15/98, p. 58, grifo meu).

Ao conceder autonomia às escolas para elaboração de seu projeto pedagógico, o artigo 40 estabelece que a educação profissional seja desenvolvida em articulação com o ensino regular ou por diferentes estratégias de educação continuada.

E no tocante à educação superior, o artigo 43 da LDB define que a ela cabe a formação nas diferentes áreas de conhecimento para a inserção em setores profissionais. Com essa medida,

> após o ensino médio, a rigor, tudo é educação profissional. Nesse contexto, tanto o ensino técnico e tecnológico quanto os cursos sequenciais por campo de saber e os demais cursos de graduação devem ser considerados como cursos de educação profissional. A diferença fica por conta do nível de exigência das competências [lista de] e da qualificação dos egressos, da densidade do currículo e da respectiva carga horária (Franco *et al.*, 2004, p. 58).

Apesar de apresentar avanços e tentar se aproximar do contexto de fim de século, com os desafios do século XXI, a LDB é criticada por não superar o ranço de um sistema educacional dualista e por não ter dado os passos necessários para responder à pressão que o desenvolvimento científico e tecnológico vem exercendo para uma nova concepção de educação e de educação profissional que devem cada vez mais se aproximar de uma concepção unificada que ofereça a oportunidade de conhecimento da realidade como totalidade e, consequentemente, a sua apreensão globalizada pelo educando.

Na obra organizada por Frigotto e Ciavatta (2006), os vários autores analisam como a elaboração do texto legal assume a continuidade de uma política de fragmentação da educação profissional e de separação entre o ensino médio e o ensino técnico, separação essa que já vem desde o seu nascedouro na Primeira República.

A ideia de conferir autonomia às escolas para, na elaboração de sua proposta pedagógica, estabelecer a articulação da educação profissional, apesar de ser vista como um avanço por uns, também é, para outros, motivo de crítica. Para Kuenzer (2000), a lei converte a "unitariedade" do ensino em problema unicamente pedagógico, de viés ideológico, pois contrariamente ao discurso oficial, atende ao interesse apenas dos incluídos, e não de todos, ao apresentar o interesse de uma classe social, como interesse universal.

Essa decisão parece reforçar a crença de que, pelo lado dos conservadores, os menos favorecidos assim o são por força do destino ou por determinismo genético e não por falta de condições e de políticas públicas que promovam o seu desenvolvimento. O que representa uma grande perda para o país, já que grande parte do nosso contingente humano fica de fora de uma formação adequada ao desenvolvimento científico e tecnológico como necessidade imperiosa ao desenvolvimento social e econômico do Brasil e às características do novo profissionalismo que, segundo Le Boterf (2003, p. 11), vai solicitar profissionais que fazem uso dos recursos de sua personalidade.

Essa autonomia que se confere às escolas, embora desejável, é também vista como

> irreal e idealizada, uma vez que o sistema educacional brasileiro não tem promovido capacitações adequadas aos gestores, diretores e professores que lhes possibilitem elaborar planos pedagógicos adequados às necessidades

específicas dos demandatários potenciais e, muito menos, consistentes com as peculiaridades regionais. O que acontece, via de regra, concretiza-se em um expediente autoritário, imposto de 'cima para baixo', mediante o qual a equipe de gestores das instituições escolares recebe uma série de comunicados e orientações paralelas [...] a partir dos quais são informados da necessidade de seguir as Diretrizes Curriculares Nacionais [...] já consubstanciadas em leis, pareceres e decretos (Franco *et al.*, 2004, p. 67).

Essa é uma análise que revela a complexidade do significado de autonomia e as contradições do sistema educacional ao querer dela fazer uso. Por outro lado, essa análise aponta para um conjunto de outras reformulações que precisam ser acionadas nas políticas públicas na área da Educação. Por onde começar? Que ações precisam ser acionadas? Em que ordem de prioridade?

E na sequência das formulações legais, em 2004 o novo Decreto Federal n. 5.154, ao revogar o Decreto n. 2.208/97, amplia a oferta de educação profissional no Ensino Médio, conforme o parágrafo 2º, do art. 36, da LDB: atendida a formação geral do educando, o ensino médio pode prepará-lo para o exercício de "profissões técnicas". Por ai se vê que essa medida não promete corrigir distorções quanto a uma concepção integrada da formação, o que deixa motivo para outras dúvidas e questionamentos.

Mas independentemente das análises que podem parecer apenas beirar a uma visão ideológica (afinal é possível um discurso descontaminado de uma visão de mundo? Bakhtin[6] diz que não), no afã de elaborar construções discursivas com foco em fatos da realidade, este trabalho parte da constatação de que, apesar de todos os avanços em favor de uma nova profissionalização, na prática, a educação profissional como treinamento, ou meramente tecnicista, não é ainda um dado superado, até mesmo em situações de ensino onde ela já não faz mais sentido, como é o caso da formação de nível superior. Por essas razões, a educação profissional precisa considerar que a nova dinâmica social põe em xeque o

---

6. Ver Assunção Freitas, M. T. *Vygotsky e Bakhtin — psicologia e educação*: um intertexto. São Paulo: Ática, 1995.

paradigma tecnicista ainda muito presente na organização dos currículos e programas escolares.

Argumentos para repensar o enfoque tradicional da formação

Conforme Zarifian (2001), a ruptura no sistema produtivo, ao gerar um novo profissionalismo, impõe à educação profissional substituir a lógica da formação para o posto de trabalho pela lógica da competência.

No entanto, o novo profissionalismo e a formação profissional encontram ainda uma série de obstáculos para se efetivar, até mesmo em seu lugar de origem: o setor produtivo. Para os autores pesquisados, um dos principais problemas que impede o avanço e a melhoria da qualidade da formação profissional decorre do paradigma epistemológico positivista e de uma fundamentação teórico-metodológica de viés tecnicista, ambos responsáveis pela tecnocracia dominante na organização da vida escolar.

Para a visão norte-americana, grande responsável pelo viés tecnicista que se espalhou nos meios escolares, de caráter mais operacional em que o trabalho possui valor intrínseco, ensinar assume o ideal de instrumentalizar o sujeito para funções imediatas. O saber, imediatamente instrumental e de caráter operacional, centra-se em pesquisas de resposta operacionais com ênfase na sua funcionalidade.

Para Ramos (2001), a pedagogia que ancora a formação por competências tem visão funcional, centrada no processo adaptativo, de cunho eminentemente psicológico, cuja dinâmica pressupõe o preparo para a mobilidade entre diferentes ocupações — base do novo profissionalismo, visando à empregabilidade —, o que parece ressoar o que traz Zarifian (2001, p. 112) na sua concepção de "organização qualificante", ao ressaltar que, diante da instabilidade e evolução das situações de trabalho, é preciso aprender não apenas hábitos e rotinas, mas também uma "adaptabilidade" — a capacidade de adaptação às mudanças.

De fato, o desenvolvimento da capacidade de adaptação a situações novas, em um contexto com desafios cada vez mais frequentes, passou a ser uma necessidade importante a ser considerada na educação. Formar profissionais flexíveis, capazes de se reorganizar rapidamente porque acompanham o processo evolutivo da ciência e da tecnologia, que sabem trabalhar em grupo, é hoje exigência fundamental.

No entanto, é questionável o fato de, mesmo numa visão psicológica, o fenômeno da adaptação ser visto necessariamente como "acomodação passiva" ao *status quo*. Por que não pode significar a capacidade de "transferir" um conhecimento que se aprendeu num certo contexto em relação a um determinado problema para uma outra situação e outro problema diferente, ou na capacidade de transformar uma dada visão da realidade?

A resposta pode ser encontrada no modelo social com foco no sistema produtivo com vistas ao lucro, em que o trabalhador, como parte de uma engrenagem, tem seu valor pelo comportamento que traduz a competência almejada para os novos padrões de produção. É a preparação do cidadão produtivo, conforme Frigotto e Ciavatta (2006).

Essa parece ser a razão que justifica o ensino voltado à adaptação passiva ao meio material e social, cujo conceito ancora-se na mesma psicologia que fundamenta a pedagogia tecnicista. Desse modo, o processo de construção do conhecimento não resultaria de um esforço de compreensão da produção como uma das muitas dimensões da vida humana, e como parte de uma rede de relações que, conforme o modo de suas conexões, pode dar diferentes perfis à organização da vida em sociedade.

Essa é uma dimensão para a qual a educação vem sendo chamada, desde o início do século XX, como já postulava Dewey, e reforçada pela visão socioantropológica da cultura. É o viés que falta para a formação do cidadão transformativo, sempre desconsiderado nos projetos públicos educacionais.

Sobre o modelo vigente, Demo (2006) comenta:

> A qualidade da educação própria do sistema capitalista, em particular na atual fase competitiva globalizada, é tipicamente funcional — a serviço do sistema. Aprecia-se o trabalhador que sabe pensar, mas não a ponto de questionar o sistema (p. 10).

O que significa uma educação em que compreender a realidade busca apenas atender às necessidades de adaptação do homem à cultura do capital, do cidadão à produção. Uma cultura em que inovar tornou-se fim e não meio, não definido pelo bem comum ou pelas necessidades humanas fundamentais, mas pela lógica abstrata do mercado (Demo, 2006). Inovação que parece não ter outro sentido, segundo Boutinet (199-?, p. 52), se não o de conferir a impressão de que o processo tecnológico é o único a seguir seu caminho sem sobressaltos, enquanto o progresso social revela que os modos de vida tornam-se cada vez mais incertos. A essa configuração Capra (2006, p. 19) descreve como o registro de uma crise mundial profunda, crise complexa, multidimensional, cujas facetas afetam todos os aspectos da vida humana — a saúde, o modo de vida, a qualidade do meio ambiente e das relações sociais, da economia, da tecnologia e da política, tudo por conta da insistência em se seguir uma lógica racional que não responde mais às características de uma sociedade pós-moderna, a exigir abordagem cada vez mais integrada.

Diante de um quadro como esse, Frigotto e Ciavatta (2006, p. 58) lembram que a milenar sentença de Protágoras de que o ser humano é "a medida de todas as coisas", é substituída pelo ideário de que o "mercado é o parâmetro de tudo". Nesse contexto, para Rampazzo, o homem "tecnopolitano", por uma crença quase cega no poder da ciência e da técnica, vinculada à ideia de um progresso sem limites — às vezes de maneira ingênua e irracional [não habituado à prática da reflexão] — valoriza as mudanças e o progresso e vê neles os únicos meios de resolver os problemas individuais, sociopolíticos e econômicos. (199-?, p. 13).

Para Assmann e Sung (2003) é preciso ir mais longe, na medida em que é necessário "superar o desencontro que ainda persiste entre as linguagens que se referem às competências e habilidades e as que apontam para uma sociedade solidária". Os autores se perguntam: não existiria aí uma espécie de *elo-que-falta* entre a formação por competência e a preparação para valores solidários (p. 212, 227)? Sem dúvida, a resposta é positiva, uma vez que o conhecimento na sociedade contemporânea, mais uma vez, inclina-se para uma conotação pragmática, utilitarista e instrumental.

Uma indicação para romper com essa conotação, Markert (2004) vê o surgimento do conceito de competência como a expressão de uma nova constelação histórico-social, que implica não somente requalificação dos trabalhadores, mas também uma revalorização do sujeito.

Nesse sentido, pergunta Markert (2004, p. 6):

> O surgimento da discussão sobre o conceito de competência poderia ser a articulação de um novo modelo histórico de produção que poderia iniciar a trajetória de resgate dos trabalhadores da sua "parcialidade"? Será que surge a possibilidade de desenvolver concretamente um novo modelo pedagógico, integrando teoria (educação geral) e práxis (educação profissional) e implicando a *politecnia* como conceito pedagógico adequado às transformações da indústria moderna, como Marx projetou?

A palavra politecnia, muito em voga no final dos anos 1980, representou um movimento para acabar com o dualismo que teimava (e ainda teima) em separar formação acadêmica da profissional, presente na rede escolar, e fazer face à revolução técnico- científica que veio alterar os processos de produção, substituindo a mão de obra humana pelas máquinas de automação (não se esquecendo, porém, de que o conceito de ciência hoje é outro). Com ela revigora-se a ideia de uma escola que une teoria e prática, como um passo importante para estabelecer uma integração entre o que o homem pensa e o que faz. Ou, em outras palavras, romper com a fragmentação do homem moderno, tão bem representada na metáfora do ato passivo (acomodação passiva) de como os mecânicos se relacionam com a manutenção da motocicleta, em que Persig[7] (1984) investiga a estranha separação entre o *ser* e o *fazer* humanos, intensificada no decorrer do século XX.

Como Persig, é grande a preocupação de muitos educadores, e entre eles nos incluímos, autores desta obra, com o fato de o homem ocidental ter perdido o sentido da integração e unicidade da vida, transformando-se em um mero espectador. E o que mais nos preocupa é o fato de a educação formal estar contribuindo para esse quadro de degradação humana.

---

7. Ver Persig, Robert M. *Zen e a arte de manutenção da motocicleta*: uma investigação sobre valores. Rio de Janeiro: Paz e Terra, 1984

Para que ideias como essas se concretizem é preciso não só substituir o conceito tradicional de conhecimentos e saberes por uma outra visão de competência, ou qualquer que seja o termo a indicar a formação profissional, que não venha a ter somente uma conotação funcional, econômica, mas também política e ético-política. É preciso rever também as fundamentações teórico-metodológicas e prático-pedagógicas da formação técnica, tecnológica e superior, e pensar em objetivos que sejam emancipatórios e não apenas instrumentais. Importante é também refletir sobre o significado de competência/competências e sua aplicação no âmbito pedagógico.

Competência: afinal o que isto significa?

Desde o início, a noção de competência — e/ou competências — tem sido empregada de forma imprecisa, mas mesmo assim ela adentrou o contexto de novos modelos de gestão dos processos de produção, na medida em que se fazia necessária outra forma de avaliar e classificar conhecimentos e habilidades, assim como substituir o conceito de qualificação ancorada nos postos de trabalho e das classificações profissionais correspondentes.

Apesar de já decorridos quase 30 anos da adoção desses termos no discurso da formação profissional, ainda impera a imprecisão no seu emprego. Sem querer explorar a multifuncionalidade do termo (Perrenoud, 1999, p. 19) ou a polissemia, bem como as diferentes visões políticas e filosóficas do termo (Depresbiteris, 2005), reservo este espaço para analisar o seu emprego no singular e no plural: competência e competências.

Ropé e Tanguy (2004), na França, oferecem importantes subsídios para uma reflexão sobre a distinção entre ambos, e sinalizam caminhos para um estudo em nossa realidade.

Ropé, em investigação sobre o material para o ensino da língua francesa, verifica incoerências quanto ao emprego dos termos objetivos, competências e capacidades. Para a autora, o material didático e os textos do Conselho Nacional de Programas (CNP), estabelecem capacidades traduzidas em competências, subdivididas em objetivos que são operacionalizados em forma de tarefas. No ensino da língua, "cada capacidade é especificada na forma de várias competências traduzidas, por sua vez, em termos de objetivos, que possibilitam uma avaliação baseada em critérios explícitos na forma de microtarefas a realizar..." (2004, p. 85). Diante desse panorama, a autora considera "difícil admitir, sobretudo no cotidiano da sala de aula, que o pensamento humano — no caso, o dos alunos do ensino secundário — é redutível ao observável e ao mensurável" (p. 100).

Isto indica que a prática da avaliação restringe-se apenas ao meramente observável e mensurável (o que na concepção de ciência hoje já não é mais possível fazê-lo com "exatidão"), quando o comportamento humano, em sua ação, expressa uma riqueza de variáveis, desconsideradas numa perspectiva dessa ordem.

Aqui no Brasil, encontro em Rios (2002) uma importante referência sobre a investigação do uso desses dois termos. No trabalho[8] apresentado no XI ENDIPE ela apresenta o resultado de suas análises e constata que

> [...] usado no plural, o termo algumas vezes substitui, isto é, *toma o lugar* de "saberes", "habilidades", "capacidades", que designam elementos que devem estar presentes na formação e na prática dos profissionais da educação. [...]. Cabe-nos indagar, então: será que os termos "conhecimentos", "capacidades", "habilidades", "atitudes", "qualificação" já não dão conta de expressar o que antes expressavam?

Essa é uma pergunta que também me incomoda e como Rios vejo que o problema não está no esgotamento da significação das noções anteriores. E se essa substituição indica, segundo a autora, um movimento que se dá no interior da reflexão e da prática educativa e profissional, agora é o momento de trazer mais elementos que auxiliem a elucidação dos significados dos termos em questão, para que deixem de ser apro-

---

8. Competência e competências — o novo e o original na formação dos professores. In: Rosa, Dalva E. Gonçalves; Souza, Vanilton Camilo de (Org.). *Didática e práticas de ensino*: interfaces com diferentes saberes e lugares formativos. Rio de Janeiro: DP&A, 2002. p. 154-172.

priados de maneira irrefletida, não apenas como mais um modismo que já parece dar sinais de mais uma onda que passa.

Vejo com frequência textos oficiais, documentos escolares, planos e/ou programas de ensino em que são citadas as competências de formação profissional expressas da seguinte forma: *Ao final do curso os alunos deverão ser capazes de...* Em seguida, vem a lista de competências na tentativa de representar o conjunto das competências necessárias àquela formação profissional. Fica a pergunta: O que difere então do tempo em que o professor tinha que declarar nos planos de ensino, no item *objetivos,* as habilidades e mesmo as capacidades dessa forma? Eu mesma, como docente, passei por isso.

Tomada no singular, na medida em que a essência da competência é a sua mobilidade e plasticidade, e a sua utilização pressupõe transformação, "é difícil formalizar essa noção e *enclausurá-la em uma linguagem descritiva*" (Zarifian, 2001, p. 193, grifo meu).

Parece consenso, entre os autores pesquisados, que no singular a palavra competência designa uma disposição para agir de forma inteligente diante de situações específicas (Perrenoud, 1999; Zarifian, 2001; Le Boterf, 2003).

Diante dessa conceituação, numa visão crítica, isso indica que a formação por competências na linha meramente listada ou descritiva retrocede à versão tradicional que toma esse conceito como modo de expressar os objetivos de ensino em termos de condutas e práticas observáveis (Malglaive, 1995). Comenta esse autor:

> Como é difícil pensar que qualquer ensino possa visar algo diferente do domínio do saber que propõe, os comportamentos que permitirão assegurar este domínio podem efetivamente passar por 'objetivos' do ensino. Mas esta abordagem deixa integralmente na sombra o que é realmente 'o domínio do saber' (e o behaviorismo não podia dar grande resposta a esta questão) assim como a questão da natureza dos saberes a dominar, a não ser no aspecto de que estes deverão permitir a produção de comportamentos exigidos porque definidos em termos de objetivos no momento da avaliação. Os pedagogos [...], apanhados na armadilha dos comportamentos, esforça-

ram-se por defini-los sem nunca perceberem bem que o cerne do seu problema era precisamente esse 'domínio', de que os comportamentos são apenas uma manifestação singular.

Acrescenta o autor: "a problemática clássica da definição dos objetivos parece-nos estar hoje duplamente ultrapassada, por um lado, pela evolução do trabalho e, por outro, pela psicologia cognitiva" (p. 118).

Le Boterf (2003, p. 47) ajuda a compreender a distinção entre ação de comportamento. A ação tem uma significação para o sujeito, enquanto o comportamento se reduz a uma série de movimentos observáveis, de atos motores. A competência é uma ação ou um conjunto de ações sobre uma finalidade que tem sentido para o profissional. Assim sendo, diz Le Boterf: "há várias condutas possíveis para resolver com competência um problema, e não um único comportamento observável designado como objetivo unívoco". Ao considerar que a competência real comporta uma parcela de imponderável, acrescenta: "*A competência reside na engenhosidade do sujeito, e não em sua capacidade para produzir cópias conformes.* Há ineditismo e particularidades na competência. Querer controlar isso mecanicamente seria cair, de novo, nas ilusões behavioristas" (Le Boterf, 2003, p. 65, grifo do autor).

Essa perspectiva denuncia que a educação profissional por competências, na concepção racional tecnicista, responde por uma "profissionalização estreita, restrita à apropriação de modos de fazer [e, em geral,] voltada para uma parcela da população, condenada *a priori* à pobreza cultural" (Kuenzer, 2000, p. 29).

Embora entendendo o sentido dado pela autora sobre a população condenada à pobreza cultural, fica, no entanto, a pergunta: Não é esse viés também responsável pela formação precária de profissionais de nível superior? Não estarão eles assim condenados a uma pobreza não só cultural, mas também profissional?

Esse questionamento poderia ser aprofundado em estudos, a partir de algumas evidências.

Por exemplo, a mídia frequentemente aponta sérios problemas na atuação de engenheiros, médicos e advogados, categorias mais visadas.

Eis um exemplo bem significativo: em 2005, o índice de reprovação no exame da Ordem dos Advogados chegou a mais de 80% (Rovai, 2005, p. 185). Em 2007, "Cursos de direito têm o pior desempenho em avaliação da OAB" — *Folha de S.Paulo*, [FSP] 17/1/2007, C12. Das 322 instituições de ensino avaliadas no país, apenas 87 receberam o selo de qualidade da Ordem, devido à baixa qualidade de ensino. Esse fenômeno continua crescendo. São Paulo, a maior cidade do país, que deveria ser exemplo de qualidade de ensino, teve 88% dos candidatos à OAB-SP reprovados, no exame de 2009, contra 68%, em 2007 (*Folha de S.Paulo*, 27/5/2009, C5).

Na área médica, o editorial da *Folha de S.Paulo*, de 30/1/2007, "Médicos em emergência", comenta:

> DOS ESTUDANTES de medicina que se formaram no ano passado no Estado de São Paulo, [em São Paulo, hein!] 38% foram reprovados num exame de proficiência aplicado pelo Conselho Regional de Medicina [do Estado de São Paulo] (Cremesp). É um resultado preocupante. [...]. Os alunos, decerto, não têm culpa pela proliferação das escolas médicas [...] nem pelo baixo nível de alguns desses cursos [...].[9]

Em 2008, 60% dos alunos de medicina são reprovados em exame — maior reprovação desde a criação do Conselho Regional de Medicina, em 2005, é a chamada da matéria do jornal *Folha de S.Paulo*, 6/11/2008, C5.

O que se assiste como consequência? Tornam-se cada vez mais comuns casos de vítima de erros médicos praticados por profissionais mal formados ou com uma visão estritamente padronizada e rotineira de sua função: Onde está então o profissional competente?[10]

Embora a formação de nível superior seja considerada educação profissional e percebida como fator de desenvolvimento pessoal, é preocupante a formação pelo viés das competências, cujo foco recai sobre o

---

9. O médico cardiologista José Antonio Franchini Ramires, no artigo "Por que avaliar o médico", *Folha de S.Paulo*/Debates, 20/2/2007, C1, reafirma sua posição em favor do exame de qualificação de todos os médicos, ao término de sua graduação, a exemplo do que ocorre no exame da OAB.

10. No exame do final de 2007, terceira edição da prova, a reprovação atingiu 56% dos formandos de medicina de São Paulo. *FSP* 7/12/2007, C1.

domínio da técnica, na medida em que isso pode limitá-la a uma formação padronizadora, fato que já vem do ensino médio e fundamental. Sem saber como caminhar nos limites da LDB e fazer uso da autonomia, o ensino de nível médio vem demonstrando, de acordo com resultados de avaliações anuais, constante queda no seu desempenho, sobretudo nas escolas públicas.

Estabelece a LDB que a escola, desde o ensino fundamental, deve garantir ao jovem a possibilidade de continuar, aprofundar e ampliar a sua educação básica para uma boa formação profissional, tendo como base uma sólida formação geral. No entanto, dez anos após sua promulgação, lê-se na *FSP* de 08/02/07, Caderno Especial 1 — Educação — "Aluno do ensino médio tem o pior desempenho em dez anos". E em 07/01/07, no Caderno Cotidiano, C1: "Escola não motiva e perde alunos — 40% dos adolescentes que deixaram de estudar apontaram a falta de vontade para assistir às aulas". Na página C3: "Escola é chata porque não faz sentido", é uma afirmação de Rubem Alves que, há anos, vem denunciando uma escola que é chata porque não tem nada a ver com a realidade dos jovens. Disciplinas desconectadas da realidade dos alunos são as principais causas, seguidas da desmotivação dos professores que parecem não capacitados para entender que a escola deve mudar.

Na *FSP* de 10/04/09, C1, a chamada é *Cai desempenho dos alunos em português*, de 1ª. a 8ª. série, e, embora tenha melhorado o de matemática, diz a matéria, em ambas as disciplinas a maioria dos estudantes não alcançou o conhecimento esperado pela própria Secretaria da Educação, de São Paulo. Esta é a base da formação dos alunos que vão ingressar no universo da formação profissional, seja de nível técnico, seja de nível superior.

Com relação ao ensino médio, Pereira (2000) aponta, de um lado, a preocupação com a preparação para o trabalho e, de outro, a falta de entendimento sobre qual trabalho, pois

> trabalho hoje tem o sentido de supervisão e otimização. Por isso, assegurar a confiabilidade da máquina — a administração de seus problemas e de seu funcionamento — tem sido o seu primordial objetivo. Portanto, a "maté-

ria-prima" do trabalhador é o conjunto das informações e dos conhecimentos de que ele necessita para enfrentar o seu dia a dia de labor (p. 45).

Para o autor, diante da proliferação dos chamados serviços na sociedade do conhecimento, "muito preocupante, pois, é a convicção de que a *escola desconhece, ainda, de que maneira formará essa categoria de trabalhadores*" (p. 46, grifo meu). Este quadro, que ainda parece permanecer, pede o repensar a competência como domínio apenas da técnica que, em estado puro, diz Zarifian (2001, p. 138), tem importância cada vez menos significativa. Assim, é momento de pensar/repensar o papel da técnica na formação do profissional competente, a fim de que se possa melhor refletir sobre a adoção da formação por competências.

A técnica na formação profissional

Ao priorizar a formação do cidadão produtivo para responder às necessidades de uma sociedade de consumo, desde o final dos anos 1960, em que novo estatuto do "objeto técnico" (Boutinet, 199-?, p. 42) define que o mesmo deve ser produzido, mas também utilizado e consumido (uma alusão à "obsolescência tecnológica programada", como estratégia de aumentar os lucros do capital), a escola tem se preocupado em favorecer uma formação rápida do homem técnico — aquele que aprende a executar determinadas tarefas práticas, não da pessoa como totalidade.

No entanto, como alerta Delors (1998), ao introduzir a prática do aprender pelo fazer, a escola precisa considerar que os prognósticos da educação para o século XXI indicam que aprender a fazer não pode ter [apenas] o significado de preparar alguém para determinada tarefa. A aprendizagem de procedimentos não pode mais ser simples transmissão de práticas rotineiras, embora estas constituam a base do processo de construção do conhecimento.

Essa reviravolta define uma nova cultura de aprendizagem, em que *aprender a aprender* tornou-se uma demanda de formação cada vez mais difundida em nossa sociedade (Pozo, 2002, p. 241, grifo meu). Eis aqui outra expressão para a qual evidências apontam que a escola parece não ter encontrado o seu verdadeiro significado. Hoje, grande parte dos alunos que chegam ao ensino superior e aos cursos de pós-graduação não domina os conteúdos e, praticamente, não tem domínio de métodos e técnicas de estudo e de aprendizagem. Quando ingressam nos programas de pós-graduação é que se dão conta de quão despreparados são em termos de estratégias de aprendizagem.

Aprender os conteúdos e *aprender a aprender* os processos de construção dos conteúdos compõem uma totalidade; portanto são dimensões intimamente relacionadas, que se afetam mutuamente. Aprender a aprender requer a apropriação do processo de construção do conhecimento. Em outras palavras, requer apropriar-se do método de aprender um determinado conteúdo (Rovai, 1996, p.587-589).

Ao retornar aos vários sentidos da técnica, que sempre acompanhou a vida do homem no enfrentamento dos desafios, Pereira (2000, p. 31) a considera como "um conjunto de conhecimentos que tem como finalidade a solução dos problemas que o homem enfrenta no seu dia a dia". Porém, o dia a dia cada vez mais apresenta problemas incertos e inconstantes que extrapolam a rotina do cotidiano.

Por isso, vale recorrer a Pozo (2002) para quem há situações em que só o domínio da técnica não é suficiente. A técnica segundo ele consiste na aquisição de habilidades — motoras, cognitivas, sociais — por um processo de repetição, portanto, uma aprendizagem do tipo associativo e reprodutivo, como forma de automatizar conhecimentos, que pouco desafia a inteligência. Nesses casos, adverte o autor, é preciso proporcionar a compreensão do *quando, como* e *por que* utilizar as técnicas, o que ele denomina de "conhecimento das condições de uso das técnicas" (p. 234).

Para situações e/ou aprendizagens mais complexas — estas sim desafiadoras da inteligência —, é preciso ir além da técnica e utilizar "procedimentos que se aplicam de modo controlado, dentro de um plano projetado deliberadamente com o fim de conseguir uma meta fixada". Nesse sentido: "não se trata tanto de diferenciar que procedimentos são técnicas e quais são estratégias [...], mas diferenciar quanto se usa um mesmo procedimento de modo técnico [...] e quanto se utiliza de um modo estratégico" (Pozo, 2002, p. 235).

Distingue-se, assim, a capacidade técnica como o saber fazer bem determinada tarefa, que Kuenzer (2000) denomina competência estreita, fortemente questionada por Zarifian (2001), Perrenoud (2002) e Le Boterf (2003). Para esses autores competência, que se contrapõe a essa visão estreita, é entendida como um conjunto de conhecimentos e atributos cognitivos para enfrentar situações complexas.

Segundo Morin (2000b), o conceito de competência liga-se à complexidade, como representação de realidades internas e externas — e não à linearidade, podendo ser denominada de "competência da complexidade", na qual se fazem presentes um "pensamento complexo" e uma "inteligência da complexidade", dimensões ressaltadas como capazes de preparar o profissional para a era de incertezas. Para ele, a incapacidade de reconhecer, tratar e pensar a complexidade é resultado do nosso sistema educativo que insiste em trabalhar o conhecimento de forma fragmentada e reducionista. (2000b, p. 94).

A competência em sua complexidade, conforme Perrenoud (1999), envolve esquemas de percepção, pensamento, avaliação e ação que suportam inferências, antecipações, transposições analógicas, generalizações, apreciação de probabilidades etc., a partir de um conjunto de índices que pede busca de informações, tomada de decisão, que só por meio de situações complexas é possível desenvolver.

Le Boterf (2003) inclui, entre outros ingredientes, saber agir, saber mobilizar e integrar saberes e conhecimentos múltiplos, saber transpor, saber aprender a aprender e saber envolver-se. Assmann e Sung (2003, p. 241-242) enfatizam que é preciso formar a sensibilidade social, e já que se fala em competências, eles clamam para o desenvolvimento de competências humano-sociais que levem a uma "epistemologia solidária" que dê conta das "cegueiras do conhecimento", apontadas por Morin (2000), e repense a obsessão da racionalidade técnica por causalidades lineares. Ainda que essa colocação contenha conotações éticas, os autores parecem chamar a atenção para a importância do "paradigma da complexidade", na dimensão da interdisciplinaridade ou transversalidade das questões a serem trabalhadas no plano do conhecimento.

Por todos esses argumentos, como se vê, não se trata de condenar o ensino da técnica, apenas redimensioná-lo, pois é condição necessária, faz parte da vida do homem e com ela começa o seu processo evolutivo até uma visão mais ampla da tecnologia ou tecnociência. Se condição necessária, ela não é mais suficiente para acompanhar o desenvolvimento científico-tecnológico e a complexidade da vida produtiva e social, nem de seguir rumo a uma cultura solidária — que coloca em cena o mundo dos valores.

Além dessas questões, a organização dos currículos e dos programas de formação precisa considerar também os fatos que revelam uma nova dinâmica no mercado de trabalho: profissões desaparecem, outras surgem e as que permanecem precisam adaptar-se às contínuas transformações. Segundo Imbernón (2000, p. 28), "cresce a possibilidade de não se ter uma única ocupação ao longo da vida". Essa dinâmica deve afetar a organização e a estrutura das escolas, currículos e programas de formação que não podem mais ser pensados a médio e longo prazo, já que não se tem mais certeza do que o futuro reserva aos estudantes, em termos de mercado e de complexidade na organização da vida social, com seus subprodutos indesejáveis: a violência, a injustiça, o individualismo e o isolamento, a incerteza e insegurança, o estresse, a depressão...

Perrenoud lembra que os "romancistas do anos 1950 não previram as tecnologias eletrônicas e as biotecnologias do ano 2000, nem sequer a internet". Para ele: "Nossa capacidade de antecipação é limitada por aquilo que conhecemos e que extrapolamos timidamente e, com certeza, o futuro reserva-nos surpresas que desafiarão nossa imaginação" (2002, p. 12).

Currículos restritos de formação de competências já não garantem a empregabilidade, pois hoje a ênfase recai no conhecimento do processo, e não apenas em uma parte dele. Formar esse tipo de profissional, parafraseando Greco (1994, p. 54), é formar um especialista que sabe muito sobre quase nada — o que já não serve para o contexto histórico atual.

A obsolescência do conhecimento é outra questão a ser considerada na organização dos currículos, pois dada a vertiginosa rapidez com que ocorre a evolução do conhecimento, ao finalizar a graduação e ingressar no mercado de trabalho, o aluno vai deparar com o fato de que parte do seu aprendizado já se tornou obsoleto. Aí entra em cena o domínio dos processos de aprendizagem, ou o aprender a aprender. Isto sim vai proporcionar a ele condições de dar continuidade a sua formação.

Desse ponto de vista, essa dinâmica indica que o jovem (graduado ou não) que ingressa no mundo do trabalho pode enfrentar turbulências no seu percurso profissional, que vão desde a necessidade de atualização constante até a mudança de área, que obriga o desenvolvimento de outras profissões radicalmente diferentes daquela desenvolvida na sua formação inicial.

Sobre isso, Machado (2002, p. 153) comenta:

> Tal fato pode ser vislumbrado em todos os níveis de ensino, embora seja particularmente visível no ensino superior: é cada vez mais frequente a ocorrência de casos em que graduados em determinado curso, após poucos anos de formados, voltam-se para áreas que, aparentemente, pouco tem a ver com as disciplinas estudadas: engenheiros trabalham como analistas financeiros, médicos tornam-se administradores, administradores tornam-se vendedores, entre outras transformações. É possível até mesmo afirmar que cada vez mais é importante um diploma de nível superior e cada vez é menos importante qual seja esse diploma.

Dados como esses sinalizam que a educação escolar deve caminhar de acordo com novos parâmetros. Para Perrenoud (2002, p. 17), as reformas escolares fracassam, os novos programas não são aplicados, belas ideias como os métodos ativos, o construtivismo, a avaliação formativa ou a pedagogia diferenciada são pregadas, porém, nunca praticadas. Por quê? Esta é mais uma das muitas contradições do universo escolar. A instituição escolar, sobretudo a pública, demonstra dificuldade de aprender. Como pode oferecer um ensino de qualidade?

Em Demo (2006) pode estar uma resposta: embora amplamente reconhecido que esta sociedade atual é intensiva de conhecimento e aprendizagem, não se pode deixar de perceber que "o conhecimento mais inovador está aprisionado ao mercado, o que leva a dirigir seu potencial disruptivo para a produtividade e o lucro" (p. 10). Enquanto para seu propósito "a qualidade primeira da população não é produzir competitivamente, mas garantir a qualidade de sua democracia, ou seja, uma sociedade mais igualitária, orientada substancialmente pelo bem comum, não pelo mercado" (p. 22). E por que não? Por uma "civilização solidária" (Assmann e Sung, 2003, p. 245), que assegure a preservação da espécie humana e do planeta Terra e também amplie as possibilidades de uma vida feliz para todos. Uma utopia? É preciso alimentar-se dela, já que a vida humana precisa de sonhos para avançar.

Nessa direção deve ser encaminhado o esforço para uma transformação da prática educativa. O ensino da técnica precisa ser inserido em um projeto epistemológico e pedagógico muito bem articulado, capaz de romper com os desacertos da formação escolar e profissional, no que se refere à competência profissional e que desafie o homem tecnopolitano a aproximar-se de projetos do ser humano emancipado para o exercício de uma humanidade solidária e a construção de projetos sociais alternativos (Frigotto e Ciavatta, 2006).

Por que superar o enfoque tradicional

Porque é preciso dar um salto qualitativo na direção de uma formação permanente em que aprender continuamente tornou-se uma condição de construção da cidadania, mas cidadania crítica e participativa, para fazer face aos novos rumos que as mudanças sociais precisam tomar, se se pretende uma sociedade cujo desenvolvimento científico e tecnológico promova um desenvolvimento social e econômico mais humano e mais justo. Para seguir esses rumos não faz mais sentido um ensino curricular fundado na racionalidade técnica, como uma epistemologia da prática derivada da filosofia positivista, apontada por vários autores como responsável pela crise do conhecimento e da educação profissional — Morin (2000b), Schön (2000), Demo (2002), Capra (2006) entre outros.

O positivismo é uma concepção epistemológica que valoriza o conhecimento científico objetivo, na crença de que é possível produzir conhecimento desinteressado, isto é, neutro, na busca da verdade absoluta que explica e corresponda à realidade da natureza. Trata-se de uma epistemologia mecanicista cartesiana-newtoniana (Capra,[11] 2006) que entende a natureza como uma máquina, e o objetivo é conhecer o mecanismo de seu funcionamento. Na sua análise separa conhecedor do objeto conhecido, reduzindo o conhecimento ao estudo das partes sem considerar o todo, e no desmembramento das partes em fragmentos cada vez menores distancia-se da capacidade de síntese, reduzida a esferas cada vez mais específicas de conhecimento. A esse respeito Santomé (1998, p. 62) também tem seu parecer:

> O forte peso da cultura do positivismo, com sua ênfase na precisão, e a imposição de certas metodologias de pesquisa e, portanto, de formas de legitimação do conhecimento favoreceram a caminhada em direções disciplinares mais reducionistas; ganhava-se nos níveis de precisão nos quais se trabalhava, mas em geral perdia-se nas questões relativas à sua relevância.

Inspirada nessa filosofia, como o taylorismo na indústria, a educação também buscou o modelo de gestão científica em busca da eficácia, controle, previsão, racionalidade e economia na adequação de meios e fins não só na administração da organização institucional, como também na gestão dos conteúdos. (Oxalá as nossas escolas fossem, com isso, bem administradas e a qualidade do nosso ensino exibisse índices elevados!) Por isso, de um modo geral, na educação escolar priorizam-se os requisitos científicos de rigor exatidão, objetividade e mensurabilidade. (Sacristán, 2000, p. 45). Requisitos científicos de rigor, com certeza continuam sendo necessários, porém, rigor numa perspectiva pós-moderna tem outro sentido, e parece que a escola tem se descuidado muito dessa qualidade. Exatidão, objetividade e mensurabilidade são características que precisam ser repensadas diante de teorias pós-positivistas ou construtivistas.

Tome-se o exemplo das provas escolares que pretendem ser instrumentos de medidas — até que ponto podem elas medir com precisão e

---

11. Fritjof Capra faz uma excelente análise das limitações dessa epistemologia para enfrentar os graves problemas que a humanidade enfrenta e aponta a mudança para a necessidade de uma abordagem sistêmica dos fenômenos naturais e humanos em sua obra *O ponto de mutação*. São Paulo: Cultrix, 2006.

exatidão o que os alunos sabem? Como são elaboradas, podem ser instrumentos capazes de medir a "inteligência" dos alunos? É a inteligência passível desse tipo de medição? Não está mais do que na hora de se pensar em formas alternativas de rigor acadêmico? Como diz Kincheloe (2006, p. 150), "formas que nos permitem ver o que está actualmente[12] eclipsado pela lua cartesiana".

A superação da racionalidade técnica indica uma pedagogia que articule meios e fins, em que *o que* ensinar deixe de ser apenas o preestabelecido por especialistas e o *como* ensinar apenas justaposto aos objetivos e conteúdos propostos (Silva, 1990, p. 8-9), sem o conhecimento das características da comunidade onde se insere a escola e de seus estudantes, a fim de que se valorize o processo e produto da aprendizagem.

Para tal modelo pedagógico é preciso que se supere muito do que ainda resta da fundamentação psicológica "behaviorista" (ou comportamentalista), oriunda do paradigma mecanicista, psicologia que ao não considerar os fenômenos da consciência reduz o comportamento a sequências mecânicas de respostas condicionadas (Capra, 2006), e que, como mostra Silva (1990, p. 9), afigura-se perfeita, já que a ênfase sobre o controle do comportamento passa a ser um procedimento curricular por intermédio dos objetivos educacionais. Para tal, definem-se os comportamentos observáveis finais, sob a designação de competências, a serem atingidos, e critérios que possibilitam avaliar níveis de desempenho aceitáveis.

Em nossa realidade esse modelo continua enraizado na concepção de ensino elitista que dominou o ensino na Primeira República e, nos dias atuais, assume como característica a preocupação com a eficácia. As escolas, "numa prática instrucionista que a avassala" (Demo, 2006), passam para os estudantes uma "cultura" e um conjunto de habilidades comuns que os capacitem a operar com eficiência no sistema produtivo (Giroux, 1997), apesar de a partir dos anos 1975 passar-se a debater a noção de interdisciplinaridade e a importância de se organizar o currículo segundo suas dimensões. A nova LDB propõe uma organização escolar assim e o

---

12. O livro está escrito em português de Portugal.

Parecer CNE/CEB 15/98 prevê a organização curricular em torno de dois princípios, há décadas defendidos: a interdisciplinaridade e a contextualização. No entanto, na prática, a escola, se não resiste, ainda tateia na busca da mudança de paradigma. O que faz parecer bem atual a questão levantada por Giroux (1997, p. 43): Será que a área curricular encontra-se em estado de paralisia, incapaz de desenvolver intenções emancipadoras ou novas possibilidades curriculares?

Se "interdisciplinaridade e contextualização" são dimensões reclamadas há décadas, por que ainda a "definição *a priori*" e "behaviorista" dos "conteúdos" através da definição dos "objetivos" que devem resultar em "comportamentos" e/ou "competências", em vista da "gestão científica da educação"? Defronta-se a escola com uma questão real a ser resolvida, apesar dos "bons princípios" que passaram a orientá-la. A prática de trabalho curricular está defasada em relação a eles: Por quê? Como superar isso? Essas são questões reais e importantes a serem tratadas.

No que concerne à formação técnica e tecnológica, Ramos (2001, p. 82) revela o quanto se tem subestimado a dificuldade para o desenvolvimento curricular de um ensino baseado em normas de competência. Apresentadas como competências em si mesmas, ou o próprio currículo, na verdade, elas expressam um objetivo, um resultado esperado e não uma *metodologia* de como aprender a chegar a um resultado. Nesse sentido, a descrição de atividades não é suficiente para a aprendizagem dos fundamentos técnico-científicos.

Para Zarifian (2001), essa descrição de atividades explicita que as competências estão diretamente relacionadas à empregabilidade e, mesmo quando definidas de maneira ampla, aparecem sob a forma de uma lista que se assemelha à tradicional lista própria dos postos de trabalho. Le Boterf (2003, p. 30) complementa essa visão ao destacar que "quanto mais detalhados são os procedimentos, menos capazes serão de afrontar novos problemas".

Em Ropé e Tanguy (2004, p. 22), o termo competências, no plural, é usado pelos especialistas em ciências sociais para designar os conteúdos particulares de cada qualificação em uma organização de trabalho determinado, de modo a revestir do mesmo sentido para uso nos meios profissionais e educacionais.

Assim compreendida, como Zarifian, muitos temem que a lógica da competência possa morrer ao ser colocada entre uma visão burocrática, destinada mais a controlar do que animar uma nova concepção e uma interpretação individualizante que não compreende o sentido de sua construção social.

Colocada apenas nessa perspectiva, a educação profissional não consegue responder às necessidades de uma sociedade em transformação, aos problemas de sobrevivência, inclusão social, violência e injustiça para construir um desenvolvimento sustentável e criação de uma sociedade mais igualitária. Demo (2006) é um outro autor que enfaticamente defende o imperativo de outro paradigma de aprendizagem que supere a visão estritamente funcional e utilitarista, e a correspondente estratégia instrucionista, para formar o profissional com condições de desenvolver competência que abranja não só o aspecto cognitivo, mas também afetivo, social, ético e político.

Para uma nova concepção epistemológica da educação

A discussão em torno de uma nova concepção de educação profissional tem como uma das primeiras tarefas trabalhar a crise de confiança no conhecimento profissional, segundo Schön (2000), Capra (2006), Morin (2000b), Demo (2002), Kincheloe (2006), que apontam para uma revisão do paradigma tradicional de educação ainda vigente, em todos os níveis escolares.

Embora fruto também de outras causas estruturais e de políticas de educação, como objeto de interesse deste trabalho interessa destacar o consenso de que essa crise é decorrente da concepção epistemológica, de cunho positivista, que ainda permeia o processo de formação escolar.

Configurada na topografia irregular da prática profissional, para Schön a crise apresenta, no terreno alto, problemas que se prestam a soluções pela aplicação de teorias e técnicas baseadas em pesquisa; no terreno baixo, pantanoso, problemas caóticos e confusos desafiam as soluções técnicas. Para o autor, é exatamente neste plano que estão os problemas de real interesse humano.

A imagem criada por Schön tem, de um lado, a ideia estabelecida de um conhecimento profissional, rigoroso, baseado na racionalidade técnica, e, de outro, a noção de zonas de prática pantanosas e indeterminadas, que estão além dos cânones desse conhecimento.

Kincheloe, com visão semelhante, afirma que o pensamento técnico-racionalista não atua muito bem quando confronta problemas vividos complexos e mal estruturados,[13] na medida em que situações dessa ordem impõem mais do que o raciocínio procedimental e técnico (2006, p. 56). E a experiência do dia a dia me revela que nem sempre o pensamento lógico oferece o melhor caminho para se resolver certos problemas.

São argumentos que fazem eco à ideia de uma pedagogia em que os movimentos de renovação da escola juntam-se ao mundo do trabalho na defesa de uma escolaridade que permita a apreensão da realidade local/universal, próxima do cotidiano da vida do educando, para que ele vá apreendendo a natureza de problemas reais.

Diferentemente da perspectiva positivista em que os profissionais são preparados para solucionar problemas instrumentais, selecionando os meios técnicos mais apropriados para propósitos específicos, os problemas a enfrentar na vida real nem sempre se apresentam com estruturas bem delineadas, mas na forma de estruturas caóticas e indeterminadas, nem sempre fáceis de identificar e equacionar, a não ser por sujeitos devidamente preparados para uma observação aguçada. E parece que justamente nesse ponto a educação profissional revela-se precária.

Na área médica, um estudo realizado pela Santa Casa de São Paulo revela que 41% dos idosos tomam medicamentos inadequados ou em

---

13. Os problemas mal estruturados são aqueles que, de imediato, não permitem uma representação mental apropriada da situação e de suas soluções, mas são justamente eles que permitem a criação de novos *insights*. Para melhor compreender o significado de problemas mal estruturados ver: Sternberg, R. J. *Psicologia cognitiva*. Porto Alegre: Artmed, 2000. Cap. Desenvolvimento Cognitivo na Vida Adulta.

doses excessivas. Segundo o coordenador da pesquisa, Dr. Milton Gorzoni, chefe do setor de Gerontologia da Santa Casa, embora muitos idosos estivessem tomando os remédios com prescrição médica, faltavam informações aos médicos de outras especialidades sobre como medicar os idosos. Em suas palavras: "Às vezes, é uma questão de gastar um pouco mais de tempo [que se tornou exíguo e ridículo] na consulta perguntando quais remédios o idoso está tomando." É a constatação de que tais eventos não são rotineiros, nem se prendem a padrões aprendidos na formação escolar.

Essa prática conduz a outro problema, apontado pelo Dr. Gorzoni, que leva os idosos ao hábito de se consultarem com médicos de diferentes especialidades, o que acaba gerando uma superposição de drogas com princípios ativos e efeitos semelhantes, levando o idoso a entrar na "cascata medicamentosa", em que "ele passa a tomar cada vez mais remédios para combater os efeitos colaterais causados pelos próprios medicamentos" (*FSP*, 16/2/2007, C7).

Na interpretação dos autores pesquisados, situações como essas que apresentam zonas indeterminadas da prática, ou problemas que fogem aos padrões — afinal, no caso acima cada paciente é único e cada doença se manifesta de modo único em cada paciente — escapam aos cânones da racionalidade técnica e fazem parte do dia a dia de todo profissional que lida com questões humanas. Por tais razões é que os profissionais competentes devem ser aqueles que não resolvem problemas apenas pela aplicação de conhecimento técnico, ou padrão, mas sabem conciliar, integrar e escolher aspectos de uma dada situação a fim de construir um problema coerente, com solução própria. Para tanto, eles precisam de vasto repertório de conhecimentos tácitos, dos contextos em que o problema se situa, das condições e dos processos de pensamento que podem ou não ser úteis (Kincheloe, 2006; Hrimech, 2001).

Para Boutinet, dada a dinâmica da vida social e da evolução do conhecimento científico e tecnológico, cada vez mais a formação do profissional encarna-se num adulto privado de pontos de referência, perdido num mundo que o ultrapassa, sacudido pelos destinos da técnica que deixam entrever avanços médicos, ao mesmo tempo que termina surpreendido por formas de câncer, aids, ou novas síndromes, às vezes criadas por efeitos perversos da técnica. Ele cita o exemplo da doença da vaca louca. Na área da engenharia, o acidente na construção da linha 4 do metrô de São Paulo, ocorrido em janeiro de 2007, assim como o desastre aéreo da TAM em 17/7/2007, também em São Paulo, são exemplos. Nesse contexto, diz Boutinet "o adulto descobre [...] que o parâmetro técnico não é infalível, mas que é capaz de criar a seu modo acidentes e catástrofes" (199-?, p. 71).

Por isso, a formação profissional precisa considerar, como aponta Schön, que as zonas indeterminadas da prática, vistas com mais clareza nas duas últimas décadas, constituem um aspecto central da prática profissional. Comuns também são as observações e críticas de que as áreas mais importantes da prática profissional encontram-se, agora, além das fronteiras convencionais da competência profissional.

Zarifian (2001, p. 193) ressalta essa transposição, pois o que conta na competência não é a posse de um saber, nem de "competências de fundo", mas sua utilização efetiva "sob iniciativa" e "responsabilidade", ou seja, tomar iniciativas diante de eventos que excedem, por singularidade e/ou imprevisibilidade, o repertório de normas, e inventar uma resposta adequada para enfrentar com êxito o evento, uma vez que o ser humano não é um robô aplicativo (p. 193-169).

Por isso Schön coloca a questão do relacionamento entre competência profissional e conhecimento profissional de cabeça para baixo, introduzindo a pergunta: O que se pode aprender a partir de um exame cuidadoso do talento artístico? Esta é a competência necessária aos profissionais para realmente darem conta de zonas indeterminadas da prática. É, pois, com o crescimento da consciência sobre a crise de confiança no conhecimento profissional que alguns educadores começaram a ver o talento artístico, ou a capacidade criativa, como componente essencial da competência profissional. Le Boterf revela essa mesma compreensão: "O talento faz parte da competência profissional. [...] Com que medida se vai avaliar o componente talento da competência?" (2003, p. 87).

Ao questionar como a educação para o talento artístico pode ser coerente com o núcleo do currículo profissional de ciência e técnicas aplicadas, Schön, com base em Dewey, defende a ênfase na aprendizagem pelo fazer. Talvez aprender *todas* as formas de talento artístico profissional dependa, pelo menos em parte, de condições semelhantes àquelas criadas nos ateliês e conservatórios: liberdade para aprender pelo fazer.

A partir da concepção do talento artístico, Schön (2000) inova ao propor o "ensino prático reflexivo", argumentando que as escolas profissionais devem repensar tanto a epistemologia da prática quanto os pressupostos pedagógicos sobre os quais os currículos estão baseados e adaptar-se para o *ensino prático reflexivo* como um elemento-chave da educação profissional, cuja base deve começar no ensino fundamental.

O autor considera o ateliê de projeto de arquitetura um protótipo do tipo de talento artístico que outros profissionais precisam adquirir, pois, com seu padrão característico da aprendizagem pelo fazer e da instrução, exemplifica as condições e processos essenciais para sucesso da prática reflexiva.

No entanto, o que se vê como preocupação, hoje, é o aumento das aulas práticas, que infelizmente ainda ocorrem segundo a lógica técnico-racionalista, cuja ênfase centra-se no treinamento de habilidades ou na simples demonstração de conceitos. Este é um argumento constatado na prática por Choueri Jr. (2006, p. 55) e apresentado em seu relato de experiência como professor dos cursos de tecnologia com o método de ensino por projetos, para obtenção do título de mestre, em que afirma ser comum a distinção entre as aulas teóricas (em sala de aula) e práticas (em laboratório), o que reforça a dicotomia. Nas chamadas aulas teóricas, conta ele, os professores expõem os conteúdos, enfatizando apenas os conceitos e princípios sem preocupação com o mundo no qual o conteúdo se insere. Como a teoria é ministrada de forma descontextualizada, as atividades práticas carecem de contextos de aplicação e são utilizadas apenas para comprovar conceitos. Não bastasse isso, relata ele, na maioria das vezes, a teoria é vista como superior à prática, e como fruto dessa dicotomia, os professores ditos "teóricos" menosprezam os "práticos" e vice-versa. Uma postura cabível no contexto dos anos 1950; hoje, totalmente inadequada.

Para Demo (2006, p. 56), a questão da formação não se resolve com o aumento de aulas, [ou de qualquer tipo de aula], mas a grande preocupação deve centrar-se em aumentar a aprendizagem. Para isso, o conhecimento sobre os processos de aprendizagem e desenvolvimento humanos vem, há décadas, enfatizando a importância de estratégias e atividades integradoras.

O século XX foi rico em estudos que indicam que o processo de educação para os novos objetivos educacionais, voltados à formação do profissional competente, como aquele que possui um vasto repertório integrado de conhecimentos, com visão global do processo de produção, terá que se estruturar em torno de projetos que tomem os problemas da realidade como objeto de estudo.

Para Morin (2000b), esse é o caminho para pensar a complexidade, hoje o maior desafio a exigir uma reforma do pensamento (p. 199), uma vez que o pensamento científico clássico, edificado sobre a "ordem", a "separabilidade" e a "razão", encontra-se abalado. Ao propor o paradigma da complexidade, em substituição ao da simplificação, a ciência e a educação devem adotar uma abordagem globalizadora pelo estudo de problemas fundamentais do homem. Um rio poluído é um exemplo de um problema fundamental que a humanidade enfrenta, e o seu estudo pode interessar a qualquer criança. Aí se começa a desenvolver o interesse do educando pelo estudo.

Quando se trabalha por projetos e por problemas, a situação de aprendizagem carrega uma dinâmica própria. Observa-se, no entanto, que a noção de projetos como a de estudos de problemas são fontes ainda de muita confusão; elas exigem grande flexibilidade e, por isso, uma revisão da prática. E isso afeta o ensino por competências ou para a competência, pois conforme Perrenoud (1999) sua abordagem,

> leva a fazer menos coisas, a dedicar-se a um *pequeno número de situações fortes e fecundas*, que produzem aprendizados e giram em torno de importantes conhecimentos. Isso obriga a abrir mão de boa parte dos conteúdos tidos, ainda hoje, como indispensáveis. Será que os novos programas escolares permitem essa diminuição de carga? É permitido duvidar (p. 64).

O autor, a exemplo de Zarifian (2001) e Le Boterf (2003), expressa de forma clara que a construção da competência (e se quiser até mesmo competências) se dá no exercício de situações complexas. Tal prática "remete para outra epistemologia e para outra representação da construção dos conhecimentos na mente humana" (Perrenoud, 1999, p. 54). Trata-se da epistemologia construtivista muito bem descrita por Morin e Capra, autores que precisam ser tomados como referências por profissionais da educação para superar as distorções que se vê em torno da compreensão desta noção.

O novo paradigma levanta, pois, outros aspectos da educação para o exercício da formação do profissional competente. Trata-se do desenvolvimento de estratégias de aprendizagem para o jovem dar continuidade à sua formação pós-escolar. Entre elas, destaco aquelas que são constatadas em minha prática docente como precárias nos ingressantes do ensino superior: a capacidade de relacionar os conhecimentos, o domínio da linguagem e a metacognição, estratégias que podem começar a ser trabalhadas desde os primeiros anos escolares.

Estratégias de desenvolvimento do profissional competente

A capacidade de relacionar os conhecimentos e não de acumular informações é condição para a construção de um vasto repertório integrado e organizado ou para formar uma "cabeça bem feita" (Morin, 2000a). Promover o desenvolvimento do pensamento global é uma das funções da prática escolar. Será isso possível numa prática de ensino que resiste à adoção de uma organização curricular interdisciplinar e insiste na prática disciplinar que não une, mas desune os objetos do conhecimento entre si e, consequentemente, não promove a integração entre teoria e prática?

Para Machado (2002), existem profissionais "seguidores de rotinas", que realizam um trabalho repetitivo, mas existem aqueles "analistas simbólicos"[14] que atingem uma visão global do que produzem e mantêm

---

14. Termos retirados pelo autor da obra *O trabalho das nações*, de Reich (1996).

vivas as possibilidades de criação. "Criar ou não criar é a diferença, é a questão", enfatiza ele. "Logo, a criatividade é uma marca pessoal que não pode ser reduzida ao domínio de um elenco de disciplinas [...]", (p. 153-154), pois a construção da criatividade não se faz apenas com o domínio de conteúdos disciplinares. A capacidade de estabelecer relações entre eles é fundamental.

Sobre a prática interdisciplinar, Demo, (2002, p. 133), considerando que nenhuma abordagem isolada, como a disciplinar, pode dar conta da complexidade, diz: "Tornar-se profissional inclui hoje, certamente, a especialização localizada e vertical, mas não menos a habilidade de algum trânsito. Profissão linear não tem futuro, simplesmente porque o mundo da produtividade é cada vez menos linear."

Quanto ao domínio da linguagem, Sacristán (2000, p. 46) destaca como o primeiro dos eixos de um projeto de educação para o futuro "a leitura e a escrita", construtoras do sujeito e reconstrutoras da cultura. Na sociedade do conhecimento, vive-se uma enorme contradição. Como é possível ao estudante formar-se e acompanhar a evolução rápida do conhecimento sem entender o que lê e sem o hábito de leitura? Se em parte isso é possível por conta do predomínio de uma cultura da imagem no mundo contemporâneo, e a ela os jovens estão muito habituados, mais até do que os adultos, todavia, quem não lê também não desenvolve a capacidade de expressar-se, por escrito e oralmente, e de elaborar resumos, relatórios, resenhas críticas — habilidades muito exigidas no exercício profissional. Tudo isso faz parte de um outro universo do conhecimento — o da organização racional do pensamento e do conhecimento sob a forma de expressão oral e escrita, que tem ficado de fora da experiência mais cotidiana do jovem, dominada pela presença da informação imagética. É tempo de se pensar também nisso.

O acesso ao conhecimento na sociedade global exige o domínio da linguagem em todas as suas formas [computador, internet, *design* gráfico, teatro, exposição em museu...], até mesmo como "leitura do mundo" para entendimento da realidade (Freire, 1996), que não se restringe à expressão verbal predominante nos trabalhos teóricos, nem é exclusiva do ensino de Português, tampouco das disciplinas mais conceituais. A linguagem, com função importante no "desenvolvimento das funções superiores do pensamento", para usar uma expressão vygotskiana, é necessária tanto para a concepção de um objeto, quanto para sua produção.

O incentivo ao uso das mais diversas representações simbólicas deve alimentar o jogo do desenvolvimento do pensamento abstrato, em todas as áreas. E também as áreas técnicas e tecnológicas têm a sua própria linguagem que contribui na elaboração teórica da produção prática. A planta de um motor constitui uma representação simbólica e chegar à sua elaboração requer alto grau de abstração, assim como também daquele que faz a sua leitura.

No ensino, de um modo geral, o processo de produção prática, ou teórica, ou teórico-prática, deve ser interpretado como criação permanente de cultura. A linguagem, na prática de ensino-aprendizagem, precisa ser entendida na sua dupla característica: como instrumento de organização do pensamento, por meio do aprendizado sistematizado de uma estrutura conceitual, mas também como meio de expressão.

Em uma visão de totalidade, a importância de ensinar a compreender e fazer uso de diferentes linguagens tem como pressuposto que tanto o conhecimento técnico, quanto qualquer outra forma de conhecimento teórico, devem fazer parte do conhecimento dito de cultura geral.

A estratégia da metacognição — conhecimento e autorregulação dos próprios processos cognitivos que se tornam, assim, objeto de autoanálise e reflexão —, vem sendo considerada fundamental no processo de aprendizagem do adulto.

Comenta Zarifian (2001, p. 185):

> [...] tanto por razões próprias ao procedimento cognitivo de formação da competência profissional, quanto por razões de evolução das organizações do trabalho, a *capacidade de refletir* é, cada vez mais, percebida como uma qualidade pessoal. Saber tomar um distanciamento diante do que se faz, saber analisar [...] questionar [e] melhorar o que se faz, saber mesmo levantar questões sobre a pertinência da organização na qual se trabalha são elementos desse comportamento que são, cada vez mais, valorizados [...].

A lógica linear e tecnicista não estimula a reflexão e a autoavaliação: ou são elas ignoradas ou utilizadas de modo distorcido de suas verdadeiras finalidades.

A prática da reflexão e da autoavaliação depende do aprendizado da auto-observação. Hrimech (2001) alerta que o exercício da auto-observação se desenvolve com a idade, não unicamente pelo processo de maturação, mas também da experiência, isto é, aprendizado (p. 245). E a escola é um importante espaço/ambiente para que esse aprendizado ocorra, já no início da escolarização, respeitando-se sempre as características dos educandos em seus diferentes níveis de desenvolvimento.

O aprendizado da autoavaliação deve ter início logo cedo para que o jovem-adulto desenvolva a capacidade de autoconduzir-se em seu processo contínuo de formação que deve levá-lo a níveis cada vez mais elevados de especialização. Isso significa um aprofundamento e abrangência dos seus conhecimentos para construir uma visão cada vez mais relacionada e interdisciplinar da realidade — ao contrário do especialista que se detém no estrito domínio do seu campo específico.

Saber fazer uso da autoavaliação é também uma condição necessária para o desenvolvimento da capacidade metacognitiva, ou autorregulação, que se traduz pela capacidade de o sujeito organizar e modificar os próprios processos cognitivos, conhecer suas potencialidades e limitações, dificuldades e erros, pois com o autorreconhecimento pode aceitar a ajuda do outro, aprendizado que não dispensa a mediação social (conceito apropriado de Vigotsky), na interação com um adulto ou pessoa mais experiente (Hrimech, 2001). Pela mediação cria-se um ambiente de trocas professor-aluno, aluno-aluno, o que estimula a construção dos processos cognitivos superiores. Isso demonstra a importância da intervenção pedagógica na formação do aluno, não relegando apenas a ele a responsabilidade por seu desenvolvimento.

Considerações finais

Este texto pretendeu reunir argumentos de diversos autores alinhados na visão crítica ao modo vigente e predominante de pensar a formação escolar básica e a profissional de nível médio e superior, partindo do questionamento de que a adoção da noção da competência suscita dúvidas quanto a sua viabilidade para resolver sérios problemas do nosso sistema de ensino, entre eles o da formação profissional, e, assim, ajudar a se pensar sério o significado da profissionalização no mundo contemporâneo.

O objetivo de levantar os argumentos, embora atingido, não esgota aqui toda a literatura sobre o tema proposto, pois muitos autores não chegaram a ser citados, nem sobre a complexidade da educação profissional, nem tampouco sobre a noção de competência, noção que demanda uma continuidade de pesquisas acerca de sua aplicabilidade na formação escolar.

Todavia, os argumentos aqui reunidos parecem mais que suficientes para comprovar a dúvida de que os parâmetros vigentes da educação escolar, e também profissional, que repetem questões históricas antigas, sejam viáveis para a resolução de seus sérios problemas, pois muito da perda de qualidade de nossa educação escolar e profissional advém de uma prática não condizente com as exigências de um mundo em intensa mudança e transformação, rico em *eventos* inesperados, o que exige flexibilidade e capacidade criativa e reflexiva dos profissionais das mais diversas áreas.

Apontam eles, sobretudo, para uma revisão da formação apenas do cidadão produtivo — o profissional que apenas domina a técnica —, para uma formação também do cidadão transformativo — o profissional reflexivo e ético que é capaz de inserir a técnica em novos modos de responder aos problemas fundamentais da vida humana, com base em valores que considere a construção de uma sociedade solidária.

Para a formação do cidadão produtivo e transformativo impõem-se soluções alternativas aos modelos epistemológico e metodológico assentados em uma concepção positivista e de fundamentação psicológica behaviorista, e a busca de abordagens integradoras numa perspectiva sistêmica que se preocupa em compreender as relações e a integração das partes disciplinares em uma totalidade, própria dos organismos vivos. O homem é uma totalidade em conexão com outros sistemas vivos que compõem o ecossistema. A educação deve voltar-se a essa referência, que parece esquecida ou ainda ignorada.

Algumas colocações são sugeridas no texto. A primeira delas refere-se à influência que o desenvolvimento científico e tecnológico vem exercendo para uma unificação do sistema educativo, de modo a integrar a educação propedêutica e a educação profissional, mas que agora deve voltar-se a novos parâmetros, lembrando que a ciência, hoje, ultrapassa a compreensão cientificista do modelo positivista, ao denotar a complexidade da vida no mundo contemporâneo e a necessidade de uma formação que prepare o profissional para entender e lidar com essa complexidade.

E, finalmente, aponta para a necessidade de se desenvolver a consciência de que a preocupação com a educação profissional deve ter início nos primeiros anos escolares. Uma sólida base de conhecimentos gerais e de estratégias, algumas aqui apontadas, de valores e atitudes é a chave para a construção da identidade pessoal, para a descoberta dos talentos, para iniciar o gosto pela ciência, condições fundamentais para escolhas futuras acertadas no percurso escolar diante do complexo e dinâmico universo das profissões, que promete oferecer contínuas surpresas.

Assim, urge que a sociedade em geral e a sociedade acadêmica se unam na revisão do paradigma da educação e da formação do profissional competente, com visão interdisciplinar e ética, a fim de se pensar no significado da profissionalização no mundo contemporâneo, tendo em vista uma proposta educacional, como também sugere Alarcão (2001, p. 90), que estimule e promova nos cidadãos a capacidade de reflexão crítica e metacrítica que, de forma coerente e conjunta, permitam a continuidade dos processos de aprofundamento científico, econômico e tecnológico, porém pensado em um quadro de inteligibilidade do mundo visto como menos desagregador e menos bárbaro.

Referências bilbiográficas

ABBATE, Vinícius; PINHO, Márcio. Cursos de direito têm o pior desempenho em avaliação da OAB. *Folha de S.Paulo*, 17 jan. 2007. Cotidiano, C12.

ALARCÃO, Isabel. *Escola reflexiva e nova racionalidade*. Porto Alegre: Artemed, 2001.

ASSMANN, Hugo; SUNG, Jung Mo. *Competência e sensibilidade solidária*: educar para a esperança. 3. ed. Petrópolis: Vozes, 2003.

ASSUNÇÃO FREITAS, M. T. *Vygotsky e Bakhtin — psicologia e educação*: um intertexto. São Paulo: Ática, 1995.

AZEVEDO, Fernando de. *Novos caminhos e novos fins*: a nova política de educação no Brasil. São Paulo: Nacional, 1934. p. 21.

BOUTINET, Jean-Pierre. *A imaturidade da vida adulta*. Porto: Rés-Editora, [199-].

CAPRA, Fritjof. *O ponto de mutação*. São Paulo: Cultrix, 2006.

CHOUERI JR., Salomão. *Projetos como prática pedagógica no ensino de tecnologia*: um relato de experiência. Dissertação (Mestrado em Tecnologia) — Programa de Pós-Graduação Mestrado em Tecnologia, Centro Estadual de Educação Tecnológica. São Paulo, 2006.

COLLUCCI, Cláudia. Idoso erra ao usar remédios, diz pesquisa. *Folha de S.Paulo*, 16 fev. 2007. Cotidiano, C7.

CONSELHO NACIONAL DE EDUCAÇÃO (CNE). Resolução n. 3, de 26/7/1998.

_____. CEB-PAR. n. 15/98. Documenta (441).

_____. *Formação permanente e tecnologias educacionais*. Petrópolis: Vozes, 2006.

_____. Documenta (442). Brasília, jul. 1998.

DELORS, Jaques. Os quatro pilares da educação. In: *Educação*: um tesouro a descobrir. Relatório para a UNESCO da Comissão Internacional sobre educação para o século XXI. São Paulo: Cortez; Brasília: MEC/Unesco, 1998. Cap. 4.

DEMO, Pedro. *Complexidade e aprendizagem*: a dinâmica não linear do conhecimento. São Paulo: Atlas, 2002.

DEPRESBITERIS, Léa. Competências na educação profissional — é possível avaliá-las? *Boletim Técnico do SENAC*, Rio de Janeiro, v. 31, n. 2, maio/ago. 2005.

FRANCO, M. Laura P. Barbosa et al. *Ensino médio e ensino técnico no Brasil e em Portugal*: raízes históricas e panorama atual. Campinas: Autores Associados, 2004. (Coleção Educação Contemporânea).

FREIRE, Paulo. *Pedagogia da autonomia*: saberes necessários à prática educativa. 31. ed. São Paulo: Paz e Terra, 1996.

FRIGOTTO, Gaudêncio; CIAVATTA, Maria. Educar o trabalhador cidadão produtivo ou o ser humano emancipado? In: FRIGOTTO, Gaudêncio; CIAVATTA, Maria (Org.). *A formação do cidadão produtivo*: a cultura de mercado no ensino médio técnico. Brasília: Inep, 2006. Cap. 2.

FOLHA DE S.PAULO. Médicos em emergência. 30 jan. 2007, Opinião, A2; 11 set. 2006, Cotidiano, C1.

GIROUX, Henry A. *Os professores como intelectuais*: rumo a uma pedagogia crítica de aprendizagem. Porto Alegre: Artmed, 1997.

GRECO, Milton. *Interdisciplinaridade e revolução do cérebro*. 2. ed. São Paulo: Pancast, 1994.

HRIMECH, M. O desenvolvimento da especialização no adulto: papéis da motivação, da metacognição e da autorregulação. In: DANIS, Claudia; SOLAR, Claudie (Coord.). *Aprendizagem e desenvolvimento dos adultos*. Lisboa: Instituto Piaget, 2001.

IMBERNÓN, Francisco. *A educação no século XXI*: os desafios do futuro imediato. Porto Alegre: Artmed, 2000.

_____. *Formação docente e profissional*: formar-se para a mudança e a incerteza. 3. ed. São Paulo: Cortez, 2002.

KINCHELOE, Joe. *Construtivismo crítico*. Mangualde: Edições Pedago, 2006.

KUENZER, Acácia Z. O ensino médio agora é para a vida: entre o pretendido, o dito e o feito. Revista *Educação & Sociedade*, ano XXI, n. 70, abr. 2000.

LE BOTERF, Guy. *Desenvolvendo a competência dos profissionais*. 3. ed. Porto Alegre: Artmed, 2003.

MACHADO, N. J. Sobre a ideia de competência. In: PERRENOUD, P. et al. *As competências para ensinar no século XXI*: a formação dos professores e o desafio da avaliação. Porto Alegre: Artmed, 2002.

MALGLAIVE, Gerard. *Ensinar adultos*. Porto: Porto Editora, 1995.

MARKERT, Werner. *Trabalho, comunicação e competência*: contribuições para a construção crítica de um conceito e para a formação do profissional transformativo. Campinas, SP: Autores Associados, 2004. (Coleção Educação Contemporânea).

MORIN, Edgar. *A cabeça bem feita*: repensar a reforma, reformar o pensamento. Rio de Janeiro: Bertrand Brasil, 2000a.

_____; LE MOIGNE, Jean Louis. *A inteligência da complexidade*. 3. ed. São Paulo: Peirópolis, 2000b.

PEREIRA, Potiguara. Pesquisa e formação de professores. In QUELUZ, Ana Gracinda (Org.). *Interdisciplinaridade*: formação de profissionais na educação. São Paulo: Pioneira, 2000. Cap. 3.

PERRENOUD, Philippe. *Construir as competências desde a escola*. Porto Alegre: Artmed, 1999.

_____ et al. *As competências para ensinar no século XXI*: a formação dos professores e o desafio da avaliação. Porto Alegre: Artmed, 2002.

PETEROSSI, Helena G.; ARAÚJO, Almério M. de. Políticas públicas de educação profissional: uma reforma em construção no sistema de escolas técnicas públicas em São Paulo. In: SEVERINO, Antônio Joaquim; FAZENDA, Ivani C. Arantes (Org.). *Políticas educacionais*: o ensino nacional em questão. Campinas: Papirus, 2003. (Série Cidade Educativa). Cap 2.

PIAGET, Jean. *Psicologia da inteligência*. Rio de Janeiro: Fundo de Cultura, 1967.

POZO, Juan Inácio. *Aprendizes e mestres*: a nova cultura da aprendizagem. Porto Alegre: Artmed, 2002.

RAMIRES, José Antonio Franchini. Por que avaliar o médico. *Folha de S.Paulo*, 20 fev. 2007, Opinião, A3.

RAMOS, Marise Nogueira. *Pedagogia das competências:* autonomia ou adaptação? São Paulo: Cortez, 2001.

RAMPAZZO, Lino. Ciência e tecnologia: vantagens, riscos e decepções. *Doxa*, [199-].

REICH, R. *O trabalho das nações*. Lisboa: Quetzal Editores, 1996.

RIOS, Terezinha A. Competência ou competências — o novo e o original na formação de professores. In: ROSA, Dalva E. Gonçalves; SOUZA, Vanilton Camilo de (Org.). *Didática e práticas de ensino*: interfaces com diferentes saberes e lugares formativos. Rio de Janeiro: DP&A, 2002. p. 154-172.

ROPÉ, Françoise; TANGUY, Lucie (Org.). *Saberes e competências*: o uso de tais noções na escola e na empresa. 5. ed. Campinas: Papirus, 2004.

ROVAI, Esméria. *As cinzas e a brasa*: ginásios vocacionais — um estudo sobre o processo de ensino-aprendizagem na experiência pedagógica do Ginásio Estadual Vocacional "Oswaldo Aranha" — 1962/1969/1996. 630 fls. Tese (Doutorado) — Programa de Pós-Graduação em Psicologia da Educação, Pontifícia Universidade Católica de São Paulo, São Paulo.

_____ (Org.). *Ensino vocacional*: uma pedagogia atual. São Paulo: Cortez, 2005.

SACRISTÁN, J. Gimeno. *O currículo*: uma reflexão sobre a prática. 3. ed. Porto Alegre: Artmed, 2000.

SANTOMÉ, Jurjo Torres. *Globalização e interdisciplinaridade*: o currículo integrado. Porto Alegre: Artmed, 1998.

SCHÖN, Donald A. *Educando o profissional reflexivo*: um novo design para o ensino e a aprendizagem. Porto Alegre: Artmed, 2000.

SILVA, Teresinha M. Nelli. *A construção do currículo em sala de aula*: o professor como pesquisador. São Paulo: EPU, 1990.

STERNBERG, R. J. *Psicologia cognitiva*. Porto Alegre: Artmed, 2000.

ZARIFIAN, Philippe. *Objetivo e competência*: por uma nova lógica. São Paulo: Atlas, 2001.

VIGOTSKY, L. S. *A formação social da mente*. São Paulo: Martins Fontes, 1989.

EM BUSCA DAS COMPETÊNCIAS PERDIDAS:
"saber-conviver"

Léa Depresbiteris

> *"Ou aprendemos a viver como irmãos, ou vamos morrer juntos como idiotas."*
>
> Martin Luther King

Algumas palavras para iniciar

Digo e repito[1] que falar de competências é uma tarefa complexa.

"Complexa", no significado que o latim lhe atribui: *complexus*, aquilo que abrange ou encerra muitos elementos, dobras, partes. O prefixo *cum* indica intensidade.

Desta maneira, não se pode negar que a palavra competência, além de exigir uma análise mais aprofundada de aspectos a ela interligados, é polissêmica, apresenta diferentes significados.

Um primeiro desafio nesse tema é considerar os muitos termos a que o conceito de competências aparece relacionado: capacidades, habilidades, conhecimentos, atitudes, entre outros.

---

1. Depresbiteris, Léa. Competências na educação profissional — é possível avaliá-las? *Boletim Técnico do SENAC*. Rio de Janeiro: SENAC, v. 31, n. 2, maio/ago. 2005.

Cardinet (*apud* Bordallo e Ginestet, 1993) defende a diferença entre competências e capacidades, mas ressalta a profunda inter-relação entre elas. Para ele, uma competência pode ser definida como um conjunto de capacidades e conhecimentos organizados para realizar uma tarefa ou um conjunto de tarefas, satisfazendo exigências sociais precisas. As competências sempre se manifestam por comportamentos observáveis. Por exemplo, organizar e atualizar uma documentação, de modo a favorecer uma melhor comunicação, é uma competência que coloca em prática algumas capacidades, como informar-se, documentar-se, interpretar dados, ter conhecimentos específicos sobre o que está sendo tratado e conhecer métodos de classificação e codificação. As capacidades são transversais, exprimindo as potencialidades de uma pessoa, independentemente dos conteúdos específicos de determinada área. Não são atitudes inerentes ou dons; elas se manifestam e se desenvolvem para favorecer a aprendizagem, não sendo diretamente observáveis nem diretamente avaliáveis e nunca são dominadas por completo, uma vez que se desenvolvem ao longo da vida.

Na mesma linha de pensamento, Pérez (2005) diz que a capacidade é uma habilidade geral que o educando pode ou não utilizar para aprender. Para ele, as capacidades podem ser classificadas em cognitivas, psicomotoras, de comunicação e de inserção social.

As capacidades cognitivas dizem respeito ao raciocínio lógico, ao organizar, planejar, antecipar, analisar, sintetizar, avaliar, deduzir, inferir. As capacidades psicomotoras englobam a expressão corporal, a orientação espacial, a manipulação, a destreza. Expressão oral, escrita, gráfica, plástica são, para Pérez (*op. cit.*), capacidades de comunicação. As capacidades de inserção social referem-se à participação, integração ao ambiente, convivência, compreensão da realidade e ao relacionamento interpessoal.

O conceito de habilidade varia de autor para autor. Ainda persiste o uso da palavra habilidade em sua origem latina — *habilìtas, átis* — que significa habilidade, aptidão, destreza, disposição. Contudo, atualmente, na literatura de educação, o termo habilidade vem abarcando não apenas a dimensão psicomotora, mas também cognitiva.

Em geral, as habilidades são consideradas como algo menos amplo do que as competências. Nessa perspectiva, a competência é constituída por várias habilidades. Por outro lado, uma habilidade não é exclusiva de determinada competência, porque uma mesma habilidade pode contribuir para a mobilização de competências diferentes.

As Diretrizes de Educação Profissional definem competência como capacidade pessoal de articular autonomamente os saberes (saber, saber-fazer, saber-ser) inerentes a situações concretas de trabalho. "É um saber operativo, dinâmico e flexível, capaz de guiar desempenhos num mundo do trabalho em constante mutação e permanente desenvolvimento."

Em minhas andanças pelas instituições de educação, sobretudo as de educação profissional, vejo que as interpretações sobre essa concepção ainda se encontram presas ao que se denominava a metodologia do CHA — Conhecimentos, Habilidades e Atitudes. Parece que a tendência condutivista permeia fortemente os currículos de educação profissional: disciplinas estanques, falta de trabalho interdisciplinar, dicotomização entre teoria e prática, uso do termo mediação como mera facilitação da aprendizagem, predomínio de aulas expositivas, entre outros.

Porém, o que mais me assusta, como especialista em avaliação, é perceber que a análise do alcance das competências vem sendo interpretada com foco na busca de produtos, perfis finais de uma formação, desconsiderando, muitas vezes, a necessidade de realçar a avaliação formativa, ao longo do processo de ensino e aprendizagem.

Creio que um fator determinante dessa interpretação deriva dos próprios sistemas de certificação profissional, nos quais a lógica de resultados finais de um percurso é a meta principal.

Não nego absolutamente a importância da qualidade dos produtos, mas ressalto que a avaliação formativa é a única que pode quebrar a lógica mercantilista da coisa pronta, vista como única evidência da qualidade da aprendizagem de uma pessoa. A função formativa exige que haja interação entre o professor e o aluno, entre os próprios educandos e do aprendiz consigo, favorecendo o diálogo interno, a autoavaliação e a autorregulação.

Ainda com relação à avaliação de competências, observo os registros de avaliação e verifico que eles apontam, quase sempre, para categorias estanques: *competente totalmente, competente em parte ou não competente*. Raramente encontro, nestes registros, observações que indiquem orientações, novas estratégias de aprendizagem, atendimento específico de competências não desenvolvidas, entre outras providências que configuram uma avaliação formadora.

Ainda com relação à avaliação, conto como curiosidade, que em uma certa ocasião, deparei-me com uma folha de registro que continha duas colunas de indicação dos resultados: *competente ou incompetente*.

Outra constatação que tenho feito é a de que conhecimentos, habilidades e atitudes são vistos de forma estanque, não integrada.

Sabemos que uma das características fundamentais de uma visão de competências é a mobilização de recursos cognitivos e afetivos de modo integrado. Na educação profissional, essa mobilização caracteriza o profissional, que detém conhecimentos tecnológicos e técnicos, que deles faz uso para resolução de problemas da realidade e que permeia sua prática com procedimentos éticos.

Nessa perspectiva, gosto de relatar uma história que, para mim, concretiza essa ideia de integração da competência na educação profissional.

Uma auxiliar de enfermagem viu-se frente à negativa de um senhor com mal de Hansen de tomar um remédio apropriado à sua doença. Esse senhor dizia que não precisava tomar o medicamento, uma vez que Deus iria curá-lo. A auxiliar, preocupada com o estado de saúde do homem, que piorava a cada dia, pensou muito e achou uma solução interessante. Disse ao enfermo que também acreditava na cura do poder divino, mas que ele a visse como uma mensageira de Deus, alguém que poderia oferecer algo que minimizasse suas dores. Nenhuma palavra a mais foi necessária: o homem tomou prontamente o remédio.

Essa auxiliar de enfermagem mobilizou saberes (conhecimentos sobre o medicamento, sobre a doença, sobre as características do enfermo), saber-fazer (administração do medicamento) e, principalmente, o saber-ser que são atitudes de respeito ao usuário, mas sempre buscando a intervenção para a melhoria de sua saúde.

Outros casos reais reforçam o aspecto da mobilização, o saber-agir. Como lembra Hanna Arendt (*apud* Machado e Cunha, 2003), a ação é a característica mais fundamental do modo de ser do ser humano. A ação não se reduz ao mero fazer, sem a consciência da palavra. Sem a palavra, o fazer é essencialmente reação a um estímulo externo. A ação humana cria a possibilidade da lembrança, da memória, da história.

Uma sociedade que se deseja competente em termos de igualdade, justiça, educação, saúde necessita que seus cidadãos, em todas as esferas de decisão, governamental ou individual, sejam ativos, transformadores com consciência, competentes em lutar pelos seus direitos e cumprir seus deveres.

Assim, competência não existe independentemente da pessoa que a coloca em ação; é preciso considerar o contexto no qual se insere. Como diz Le Boterf (2003) não nos fazemos competentes sozinhos.

Talvez seja nessa perspectiva, que a Comissão Internacional da UNESCO sobre a Educação para o Século XXI (Delors, 1996) classificou as competências necessárias para este século em quatro pilares:

- aprender a conhecer,
- aprender a fazer,
- aprender a ser,
- aprender a conviver.

Aprender a conhecer supõe, antes de tudo, aprender a aprender, exercitando a atenção, a memória e o pensamento. Deve-se aprender a prestar atenção aos fenômenos e às pessoas que nos cercam, enfim, perceber o mundo. Esta aprendizagem pode ser utilizada de formas diversas e aproveitar as várias experiências da vida. Nessa perspectiva, o processo de aprendizagem do conhecimento nunca está acabado, pode ser enriquecido com qualquer experiência e em qualquer período de tempo.

Aprender a fazer é indissociável do aprender a conhecer. Esse tipo de aprendizagem está mais estreitamente relacionado à questão da educação profissional, mas também exige um repensar em termos de educação básica: mobilizar o que está sendo aprendido. Assim, quando se ensina um determinado vocabulário a alguém, é claro que há uma expectativa de que os termos aprendidos sejam utilizados. Essa aprendizagem, porém, não é estrutural. Ela só ocorre quando a pessoa realmente usa as palavras aprendidas, construindo sua linguagem, modificando sua forma de pensar e de expressar-se.

O *aprender a ser* visa à humanização das pessoas, explicitando a necessidade da dimensão ética, em suas múltiplas facetas: responsabilidade, respeito ao outro, cooperação, solidariedade. Alia-se ao aprender a conhecer e ao aprender a fazer, permeando-os com atitudes, valores e capacidades que tornam uma pessoa mais competente, não só profissionalmente, mas também para a vida em sociedade.

O *aprender a conviver* enfatiza as formas necessárias para um ambiente de trabalho e da sociedade no qual vigore a paz, a melhoria das relações pessoais, enfim, a construção de um mundo melhor. O aprender a conviver é um ato civilizatório, que leva à necessidade de conhecer e respeitar plenamente o outro. Como nos mostra Delors (1996), isso implica respeito às diversas culturas e tradições, como condição fundamental para que as pessoas possam viver juntas.

Por outro lado, cumpre ressaltar que saber-conviver implica, também, seu oposto: não saber-conviver. Isto significa não se acostumar, não se acomodar com as mazelas, a falta de ética, a desigualdade social, a injustiça, a exploração econômica, a dominação política e as opressões ideológicas.

A 46ª Conferência Internacional da Educação (UNESCO, 2001) deixa explícita a preocupação com as competências sociais e questiona: *Qual será a contribuição da educação para aprendermos a viver juntos?*

Apesar do enfoque deste capítulo ser o do saber-conviver, porque creio que esta dimensão precisa de maior realce na literatura brasileira, desejo reafirmar que todos os pilares indicados pela UNESCO deveriam ser integrados na educação, uma vez que são indissociáveis. A visão harmônica do ser humano é um princípio fundamental para a formação de qualquer cidadão.

Com relação ao saber-conviver discute-se muito o problema da violência, da diversidade, da inclusão. Creio que nosso desafio, como educadores, é encontrar algumas estratégias preventivas do aumento de conflitos que podem marcar a vida da criança, do jovem e, também, do adulto.

Evidentemente, não existem receitas prontas para que isso se efetive a curto prazo. As desigualdades econômicas e sociais, a crise de valores são alguns aspectos que não dependem exclusivamente da escola, exigem políticas sociais, educacionais que concretizem o "discurso", a teoria.

Antes de tocarmos diretamente no saber-conviver como uma competência indispensável para uma sociedade melhor, vejamos um breve histórico do surgimento do termo competências na literatura educacional até os dias de hoje.

Um pouco da história do termo competência aplicado em educação

Na linguagem popular, o termo competência é usado como "ser capaz de fazer algo, de modo bem feito".

No aspecto individual, uma pessoa é competente quando é publicamente reconhecida como detentora de aptidões ou poder, deste fazendo jus. Neste sentido, vale ressaltar que fazer jus é merecer. O mérito de quem é competente não vem do nada, representa um grande esforço pessoal de investimento, de estudo, de trabalho.

Na acepção jurídica, competência designa a faculdade concedida por lei a um funcionário, juiz ou tribunal, para apreciar e julgar certos pleitos e questões, a qualidade de quem é capaz de apreciar e resolver determinado problema, de fazer alguma coisa com capacidade, aptidão e idoneidade.

No contexto da educação, um dos pioneiros do uso da palavra "competência" foi Chomsky (1971). Este estudioso considerava que as pessoas nascem com uma competência linguística, um potencial biológico que é inerente à espécie humana. Para ele, a competência difere do desempenho.

A competência representa o que o sujeito pode realizar idealmente, graças ao seu potencial; o desempenho está relacionado a um comportamento observável.

Pode-se inferir que, na concepção de Chomsky (*op. cit.*), as competências são vistas como capacidades já presentes em uma pessoa. Só são desenvolvidas competências se as capacidades já estiverem presentes no organismo daquele que aprende. Ainda para Chomsky, o desempenho é uma ação datada e observável e a competência a ele subjaz, sendo uma qualidade mais duradoura, que não pode ser observada em si mesma. Assim, para medir uma competência, é necessário observar vários desempenhos.

Com a mudança de paradigmas a respeito da inteligência há uma outra visão sobre o desenvolvimento de competências, ou capacidades como preferem alguns autores.

Para Feuerstein (1991), por exemplo, mesmo com uma herança genética não favorável, é possível desenvolver o aprendizado. Este psicólogo romeno baseia-se na crença de que a genética certamente influencia o desenvolvimento de uma pessoa, mas não representa algemas que impedem o aprender. Feuerstein parte da ideia de que a inteligência não é algo fixo, inato, mas uma propensão, ou uma inclinação do organismo para se modificar e adaptar-se a novas situações.

Especificamente na educação profissional, a palavra competência tem tido significados diversos ao longo dos tempos.

Uma visão condutivista do termo foi dada por Mager (1985), que se tornou literatura obrigatória, na década de 70 no Brasil, em algumas instituições de educação profissional. Sua concepção de objetivos operacionalizados em termos de condições, habilidades e critérios, uma espécie de ensino programado, foi a metodologia usada durante muito tempo na educação profissional.

Na visão de Beckers (2002) a lógica da competência veio substituir a lógica da qualificação que dominava até a década de 70 nos países industrializados. A qualificação consistia numa forma de reconhecimento padronizado, por meio de certificação dos conhecimentos adquiridos na escola e que permitiam trabalhar em um posto específico de trabalho. Essa certificação era regida por convenções coletivas de trabalhadores com estatuto determinado, incluindo parâmetros salariais. A concepção de competências, nesse período, procurava reconhecer as qualidades profissionais e pessoais que iriam permitir ao trabalhador contribuir para a competitividade da empresa.

Deluiz (2001) aponta que a palavra competência surgiu no contexto da crise do modelo de organização taylorista/fordista, de mundialização da economia, de exacerbação da competição nos mercados e de demandas de melhoria da qualidade e de flexibilização dos processos de produtos do trabalho. Neste contexto de crise, e tendo por base um forte incremento da escolarização dos jovens, as empresas passaram a usar e adaptar as aquisições individuais da formação, sobretudo escolar, em função das suas exigências. A aprendizagem passou a ser orientada para a ação e a avaliação das competências começou a ter como foco resultados observáveis.

Não é à toa que ao surgir na literatura da educação profissional, a palavra competência tenha provocado desconforto nos educadores. A primeira ideia de competência, nessa modalidade de educação, foi a de competitividade, decorrente das necessidades do trabalhador e das empresas lutarem por um lugar no mercado de trabalho. O termo apareceu como uma exigência do processo de globalização e do fenômeno de transformação produtiva, que colocava a competitividade como núcleo central da economia globalizada.

Esclarecendo um pouco a etimologia da palavra, e recorrendo ao latim, ela possui significados diferentes. Assim, apesar de ter surgido como decorrente da junção de *com + petere,* que significa buscar *junto com,* no latim tardio, o que passou a prevalecer foi a ideia de competência como a de *disputar junto com, competir.*

Creio que urge ultrapassar uma visão condutivista e ampliar o conceito e inovar as formas e os ambientes que desenvolvem as competências.

Para Le Boterf (2003), por exemplo, a competência tem uma função coordenadora dos elementos múltiplos que compõem o sistema educacional, cada vez mais aberto e complexo. Ele propõe que a competência é a capacidade de mobilizar um conjunto de recursos cognitivos para enfrentar uma situação complexa. A competência não reside nos recursos (saberes, saber-fazer ou saber-ser) a serem mobilizados, mas na própria mobilização deles. A competência não tem existência material independentemente da pessoa que a coloca em ação. Segundo a tradição grega, alguns profissionais deveriam saber encarar esse "fazer-se competente". Por exemplo, o médico e o sofista deveriam brilhar na arte de conjecturar, isto é, saber adivinhar e abrir um caminho por meio de balizas, mantendo, ao mesmo tempo, os olhos fixos no objetivo a alcançar. Esse conhecimento oblíquo, esse saber conjectural, convinha tanto ao médico que ausculta sintomas de uma doença, como ao sofista mergulhado no fervor da discussão, como a um mecânico de automóveis, ou uma enfermeira. Assim, após ter examinado um indivíduo de acordo com vários registros de exploração, o médico deve saber concluir seu diagnóstico, assumindo o risco de um julgamento. Mesmo que possa apoiar-se em um sistema de balizas codificadas (protocolos, itens de exame médico, quadros clínicos, quadros nosográficos), ele deve envolver-se de modo pessoal. Entra em cena a subjetividade do trabalhador. Esse enfrentamento de situações imprevistas e indeterminadas supõe regularidade e tem fundamento na operacionalização regular e não acidental. Com o aumento da complexidade do trabalho, não só em termos de conhecimentos necessários decorrentes da introdução de novas tecnologias, mas também da reformulação das próprias formas de organização pelo qual ele se realiza, o mundo começou a exigir muito mais do que o saber-fazer. É o discurso das competências que desvela a necessidade de outras dimensões de saberes e, sobretudo, de sua mobilização.

Na mesma linha de pensamento, Perrenoud (2002) refere-se às competências como uma orquestração de diversos recursos cognitivos e afetivos para enfrentar um conjunto de situações complexas.

Muitos estudiosos tratam mais detalhadamente da dimensão cognitiva — o saber-pensar, o saber-fazer com argumentos e consciência —, mas ressaltam que todas as estratégias adquiridas para o pensar mais elaborado são importantes para o "saber- conviver".

O saber-conviver na esfera educacional

Percebe-se uma perda rápida e progressiva da ética nas relações humanas, seguida de um sucesso individual. O novo individualismo pode parecer boa ciência econômica, mas é, para Del Nero (1997), uma má compreensão da biologia que nos fez humanos e conscientes. Seus estudos apontam para a necessidade de atentar para a relação entre relações humanas, pessoais ou públicas, familiares ou de negócio, políticas ou econômicas e interação de agentes mentais que dependem de processos de aprendizado, de cuidado constante, de bem-estar, de crença, de calma, de ponderação, entre outros.

Cortella (2005) cita uma frase que o chocou quando leu os sermões do padre Antonio Vieira: "O peixe apodrece pela cabeça". Diz ele que também vivemos um "apodrecimento" de alguns valores, de dignidade, da capacidade de convivência, de civilidade. Esses valores devem ser retomados não como uma preocupação com moral, mas com a ética.

Em complementação, La Taille (2005) menciona que moral diz respeito aos deveres e ética a questões relativas à vida, à felicidade, não só individual, mas *com* o outro (ideia de grupo, da cooperação) e *para* o outro (ideia de benevolência, generosidade).

Com base nessa afirmativa, penso que a escola enfrenta um enorme desafio. Integradamente com a dimensão cognitiva, deve zelar por desenvolver competências de convivência, de atitudes éticas, de cidadania.

Neste sentido, a competência transcende a esfera profissional.

Aprender a conviver implica uma perspectiva de ajuda, cooperação, que supõe sensibilidade, empatia, responsabilidade social, conhecimento de condutas adequadas, relações interpessoais, valores, entre outros.

Alguns estudiosos fundamentam a necessidade da dimensão do saber-conviver.

Furnham (*apud* Rubio e Anzano, 1998) sugere que se utilize a expressão habilidades sociais, que conjuga as capacidades ou atitudes empregadas por uma pessoa quando interage com outras.

Combs (1967) diz que não existem diferenças de importância entre objetivos cognitivos e afetivos. Ambos são igualmente importantes para a educação, sendo que a escola deveria estimular pensamentos e sentimentos com relação aos conteúdos ensinados. Essa é uma tarefa complexa, mas necessária. Os educadores deveriam ser formados na perspectiva mediadora, de cooperação e interação, assim como os alunos.

É possível aprender a conviver?

Uma questão que poderia surgir nesse momento é: Pode-se ensinar alguém a conviver?

Alguns conhecimentos me parecem imprescindíveis para o desenvolvimento do saber-conviver. Afinal, desenvolver o aprender a pensar e o aprender a fazer são recursos complexos que necessitam de uma sólida base de conhecimentos para serem concretizados, o mesmo ocorrendo com a aprendizagem do saber-conviver, mesmo considerando dimensões mais subjetivas dos sentimentos e das emoções. Para mim, não se trata de racionalizar as emoções, mas compreendê-las para que uma pessoa possa usá-las de modo mais construtivo para si mesma e para o meio em que vive.

Sastre e Moreno (2002) defendem a ideia de que a construção da verdadeira cidadania solicita uma prática que contemple e integre saberes racionais e emocionais.

Reforço essas ideias com Torres (1996, p. 57) que, apesar de não desconsiderar elementos inatos, crê que se possa ensinar a aprender a conviver, estimulando-se o pensar, criando oportunidades de reflexão, de conhecimento mais detalhado de algumas emoções, de prática constante.

Nessa perspectiva integradora, gostaria de estabelecer uma analogia da metacognição com o que denomino de "meta-afetividade".

A metacognição é o retorno de nossos próprios procedimentos mentais para tomar consciência deles e poder descrevê-los. Esse processo permite ao aprendiz gerir, controlar, regular, compreender seus próprios saberes.

Uma abordagem interessante é a de Burón (1991) que fala da metaignorância, ou seja, não saber que não se sabe. Quem sabe que ignora algo está em condições de sair dessa situação, perguntando, questionando, pois está consciente de seus limites de conhecimento. O ignorante não duvida de seus conhecimentos.

Defendo a ideia de meta-afetividade como a reflexão sobre nossas emoções, nossos sentimentos pelas pessoas com quem convivemos, para que possamos descrevê-los e melhor interpretá-los. Esse distanciamento pode ser útil para que se aprenda nesse processo. Isso se aproxima de uma ideia de que a reflexão do sujeito sobre o que sente, por si só, já produz uma transformação.

Pela compreensão de como "eu sinto", posso reconhecer minhas fragilidades, fortalezas, preconceitos, intolerância. A compreensão nos ajuda a raciocinar, a incompreensão, nos faz desejar prejudicar.

Essa integração entre cognição e afetividade é fortemente defendida por Damásio (1996), que analisa o papel das emoções no funcionamento cognitivo. Em seus estudos e pesquisas com pacientes com lesões cerebrais localizadas na área pré-frontal, que é considerada pelos especialistas como fundamental para o raciocínio, encontrou em todos eles, uma importante redução da atividade emocional. Damásio diz, então, que existe uma interação profunda entre razão e emoção. Os poderes da razão e da emoção, para ele, se deterioram juntos. Suas experiências no estudo e tratamento das lesões cerebrais parecem indicar que determinados aspectos do processo de emoção e do sentimento são indispensáveis para a racionalidade. Os mesmos sistemas implicados no raciocínio e na tomada de decisões, no campo pessoal e social, estão, para Damásio, relacionados também com as emoções e sentimentos.

Trata-se de um assunto polêmico que não pretendo esgotar neste capítulo. O que desejo ressaltar, no aspecto educacional, é a necessidade de atentarmos para algumas reflexões sobre o saber-conviver.

Sou da opinião de que é necessário que a escola medeie os educandos tornando-os conscientes de suas ações e das consequências que elas podem acarretar, que fomente ambientes de autoconfiança e ofereça recursos cognitivos que favoreçam o pensar antes de agir.

Alguns conceitos para refletir em educação

Evidentemente, os aspectos que destaco a seguir são apenas esboçados em seus conceitos. Urge um estudo mais aprofundado sobre eles para que possam ser mobilizados na prática.

(a) Alteridade e identidade

Alteridade (*alter*, outro no latim) e identidade apresentam uma estreita ligação, uma relação de reciprocidade.

A desigualdade se instala, diz Rios (2001), na medida em que deixo de reconhecer o outro como alguém que entra na constituição de minha identidade e passo a tratá-lo como *alienus*, o alheio, aquele com quem não tenho a ver.

Minha subjetividade é configurada pelo outro e pela minha responsabilidade diante dele. É no rosto do outro, concreto, em carne e osso, que o olhar de seu rosto me interpela e me convoca a uma resposta. Esses dois movimentos — para dentro de nós e para fora — é que nos fazem seres-humanos-sociais.

De um lado, o fechamento egocêntrico faz com que o outro nos seja estranho; a abertura altruísta o torna fraterno (Morin, 2005). Por outro prisma, é no fator interior que são criadas as condições para que se desperte nossa consciência, nosso espaço interno, para que possamos encontrar nossa unidade. É por esse movimento que saberemos quais são nossos talentos, nossas qualidades, como pensamos, como sentimos, nossas emoções.

É na alteridade que existe a perspectiva da generosidade, ou seja, na medida em que percebo o outro como outro e a diferença dele em relação a mim. Só assim sou capaz de entrar em relação com o meu próximo. A alteridade supõe a via mais curta da comunicação humana, que é o diálogo e a capacidade de entender o outro a partir da sua experiência de vida e da sua interioridade.

À luz dessa necessidade de comunicação, outro aspecto a ser refletido é o do diálogo.

(b) Diálogo

Nosso grande educador Paulo Freire nos ensinou (e ensina) muito a respeito da necessidade do "diálogo". O conhecimento deve ser construído na base do diálogo entre iguais, levando a esclarecimentos e entendimentos sobre a realidade que envolve a todos os cidadãos.

A ética freiriana é uma ética da responsabilidade universal por meio de uma ciência educacional crítica. A pedagogia de Paulo Freire está a serviço da emancipação social, buscando formar sujeitos autônomos e capazes de praticar a solidariedade, contribuindo para a formação de uma consciência coletiva transformadora e humanizadora do próprio processo escolar e da sociedade.

(c) Argumentação

Para Machado (2003, p. 15), a confiança na argumentação, na razão, na construção de acordos por meio do diálogo, do discurso coerente é o antídoto fundamental contra a violência. A eclosão da violência é a falência da palavra. A descrença na força da palavra induz o recurso à força física.

Quem recusa a necessidade do argumento é o cético e o fanático. Eles ignoram que o processo argumentativo prevê outras opções, novas perspectivas. O cético exige uma argumentação coercitiva, pela qual não pode haver uma outra opção. O fanático adere a uma tese que, mesmo sendo contestada, é considerada por ele a única verdade (Perelman, 1996).

Assim, o uso da argumentação implica que se tenha renunciado a recorrer unicamente à força, que se dê apreço à adesão do interlocutor, obtida graças a uma persuasão racional, que esse não seja tratado como objeto, mas que se apele à liberdade de juízo. O recurso à argumentação supõe o estabelecimento de uma comunidade dos espíritos que, enquanto dura, exclui o uso da violência (Perelman *apud* Bernardo, 2000).

A capacidade de argumentar deve vir acompanhada de procedimentos éticos, de atitudes que fomentem o diálogo, o respeito ao outro. O saber-argumentar também diz respeito a ter condições de distinguir a erudição que se apoia no abuso do jargão especializado — *"sociologês, economês, politiquês"*. É um instrumento verbal de poder. Impressiona, procura não fazer-se entender, alija as pessoas do que deveria ser compreendido (Veríssimo, *apud* Bernardo, 2000).

Desta maneira — *por favor, obrigado, desculpe* — são conceitos que deveriam fazer parte do dia a dia do conteúdo escolar, não de forma mecanicista, burocrática, mas compreendidos como dimensões do conviver.

Como diz Morin (2005) as saudações *"bom-dia", "boa-noite"*, apertos de mão, abraços, beijos e as fórmulas de cortesia têm uma virtude civilizadora designada de civilidade. Tecem uma malha de cordialidade, de respeito, de cortesia, de cooperação.

(d) Autonomia e cooperação

Algumas pessoas usam o termo autonomia como sinônimo de independência. Em nome dessa independência, muitas pessoas não recebem a necessária intervenção educacional que leva à responsabilidade por seus atos, que é a essência da autonomia. Como seres sociais, essa autonomia não diz respeito apenas a uma pessoa, mas à sociedade, o que nos leva a crer na importância da cooperação.

(e) Acolhimento

Lino de Macedo (2005) aponta a necessidade de a escola estar preparada para conviver com as diferenças, sobretudo as negativas ou que nos causam medo e repulsa. Ele mostra que na teoria de Piaget, a diferença tem como uma das funções nos convidar a refletir. A lógica das semelhanças é a lógica das classes, a lógica da diferença é a lógica das relações.

A função cognitiva da semelhança nos possibilita organizar o conhecido. Semelhança quer dizer encaixar, classificar o que quer que seja em termos de algo conhecido (conceito, sentimento, eventos, pontos de vista). Essa forma de encaixe opera pela lógica das classes, pela lógica dos conceitos. A lógica das classes opera pela abstração, ou seja, pela reunião do que é comum ao critério, ao que pode ser afirmado ou classificado em sua perspectiva. As coisas são tidas como equivalentes, substituíveis entre si. É, por isso, que precisamos ir além, verificar também as singularidades de cada coisa, sob pena de esquecermos essa particularidade pela tendência ao geral. Não se deve esquecer a diferença, a particularidade. Assim, podemos atribuir ao particular o que é geral, mas sem perigo de reduzir o que poderia nos ameaçar por ser novo, diferente. Se a semelhança é uma forma de organizar as coisas pelo conhecido, a diferença é a forma de organizar as coisas com relação ao que é desconhecido, mesmo que isso esteja entre nós. A diferença é aquilo que não se encaixa.

Na inclusão, semelhanças e diferenças relacionam-se de modo interdependente, indissociável.

Nessa perspectiva, a inclusão do diferente é muitas vezes como a necessidade da tolerância ao que não conhecemos.

Para mim, a tolerância é claramente insuficiente para garantir uma convivência justa. É assimétrica: é o favorecido social ou culturamente que tolera o desfavorecido.

Acho interessante o que Cortella (2005) afirma: seria mais adequado falar de acolhimento do que em tolerância. Tolerar é suportar aguentar: *você não é como eu, eu o aceito, mas continuo sendo eu mesmo.*

Acolher significa que eu o recebo na qualidade de alguém como eu.

O acolhimento em termos educacionais inclui fazer com que o educando sinta-se pertencente, participe, seja estimulado em sua autoestima.

As competências do educador para ser capaz de desenvolver competências

Analisando o problema educacional, percebemos o enfraquecimento cada vez maior dos grupos sociais primários, sobretudo a família, que deveria transmitir e formar valores.

Esse fato para Tedesco (1998) causa o esgarçamento do tecido social, uma vez que as crianças e os jovens ficam sujeitos a interferências de todas as espécies, inclusive da comunicação de massa.

Na verdade, a escola deveria ser um espaço importante de mediação, desvelando aspectos essenciais da vida dos alunos. Isso se justifica principalmente considerando que muitas crianças, nos dias de hoje, não estão sob orientação daqueles que deveriam ser seus mediadores naturais: pais, irmãos, avós e que seriam fonte fundamental para despertar significados, para oferecer suporte afetivo.

Cumpre ressaltar que neste capítulo, o conceito de mediação não deve ser entendido como facilitação da aprendizagem. Busco em Feuerstein (1991) o conceito de mediador, na perspectiva de um ser humano que tem intencionalidade, busca reciprocidade, deseja despertar significado para que haja a transcendência do aprendido para além da escola: para a vida.

Intencionalidade, reciprocidade, significado e transcendência são os critérios essenciais, segundo Feuerstein, para a mediação, em casa e na escola, e que sucintamente podem ser assim descritos.

Intencionalidade — Por este critério, o mediador planeja uma série de ações conscientes, voluntárias e intencionais com a finalidade de levar o educando a perceber melhor, a prestar atenção, a compreender, tomar decisões, perceber, entre outros.

Reciprocidade — A reciprocidade implica troca, permuta. O mediador deve estar aberto para as respostas do mediado, sendo que este último deve fornecer indicações de que está cooperando, que se sente envolvido no processo de aprendizagem. A reciprocidade é um caminho que torna explícita uma relação implícita e faz com que a ação se torne consciente. Um professor recíproco estimula o educando a falar, a contar o que está sentindo, bem como procura entender as razões de seus comportamentos.

Significado — O critério de significado diz respeito ao valor, à energia que o educando atribui à atividade, aos objetos e aos eventos que o cercam. Pelo critério de significado, o mediador demonstra interesse e envolvimento emocional para com o mediado e explicita o porquê da realização da atividade. Mediar o significado indica dotar o conteúdo que está sendo ensinado de dimensões afetivas e éticas, ou seja, de sentimentos e crenças. Essa característica é o componente dinâmico da mediação, que constitui a razão capaz de levar o aluno a cooperar com o mediador e, também, a razão que leva o mediador a cumprir seu papel.

Transcendência — O critério de transcendência visa promover a aquisição de princípios, conceitos ou estratégias que possam ser generalizados para outras situações. Envolve encontrar uma regra geral que possa ser aplicada a situações correlatas. Se um educando percebe que deve organizar melhor suas coisas para não ter trabalho de procurá-las, talvez possa transcender que organizando as informações de um problema poderá resolvê-lo mais facilmente.

Atitudes de cooperação, solução de conflitos, solidariedade aprendidas na escola podem ser transcendidas.

O professor, como principal mediador na escola, não pode furtar-se a esse papel, deve intervir com situações que possam facilitar não só a razão, o pensamento, mas o sentir.

Na verdade, o professor é aquele que interfere para orientar, porque segundo Boff (1999), em um perspectiva filosófica, é aquele que cuida.

Cuidar é mais que um ato, é uma atitude. Abrange mais que um momento de atenção, de zelo e de desvelo. Representa uma atitude de preocupação, de responsabilização e de envolvimento afetivo com o outro.

O professor que cuida se "pré-ocupa" com o que vai ensinar, procura conhecer as representações daqueles a quem vai se dirigir, leva em conta suas culturas, suas formas de vida.

Contudo, quando se fala em cuidar, não só o aluno deveria ser mediado em sua aprendizagem. O professor também merece cuidados. Excluí-lo da possibilidade de desempenhar bem sua tarefa, oferecer-lhe parcas condições de formação e de salário, tudo isso tem grande probabilidade de influenciar sua atuação.

Algumas considerações finais

Experiências concretas mostram que é intervindo, mediando o viver junto, que se encontra a possibilidade de reverter o quadro de violência, reduzir os casos de insucesso escolar e, principalmente, construir uma cultura de paz.

Para isso, a escola não pode ser um mero agrupamento de pessoas; deve ser uma comunidade constante de pesquisa, com objetivos comuns, relações de reciprocidade, confiança; deve criar espaços, exigir ações intencionais e não improvisadas.

A cultura de paz, por exemplo, está intrinsecamente relacionada à prevenção e à solução não violenta dos conflitos. É uma cultura que respeita todos os direitos individuais — o princípio do pluralismo, que assegura e sustenta a liberdade de opinião. A cultura de paz procura resolver os problemas por meio do diálogo, da negociação e da mediação, de forma a tornar inviáveis a guerra e a violência.

O desenvolvimento de competências exige um ambiente propício, mediador, ético. Como conseguir o alcance dessas dimensões em um ambiente altamente competitivo, tenso, de inimizade, rechaço, ridicularização, exclusão?

A via da educação, qualquer que seja o ambiente de aprendizagem, continua sendo, a meu ver, um meio de esperança para um mundo melhor.

Uma educação concebida como um processo que possibilitasse a uma pessoa se desenvolver em sua condição de ser humano; que, simultaneamente, conseguisse formar um sujeito como ser singular, diferenciado, e como ser social com capacidades de pertencer e de se relacionar.

Nessa concepção, a liberdade do sujeito é o reconhecimento de múltiplas possibilidades que a ele são oferecidas, paralelamente a um constante exercício de escolha, pressupondo aceitação de limites e assunção de responsabilidades.

O ato educativo é o que conscientiza e não uma mera submissão a regras instituídas, muitas vezes sem significado para aqueles que as cumprem. O trabalho de elaboração como ser social supõe também um trabalho de si como autor, como pertencente a um espaço social.

Trata-se de uma tarefa complexa. Volto novamente ao começo deste capítulo, quando empreguei esse termo para expressar meus sentimentos sobre lidar com competências.

No início falei das múltiplas dobras, faces expressas no significado do termo complexo, agora finalizo com outra ideia de complexo, assim como a propõe Morin: a complexidade do ser humano supõe a imprevisibilidade do futuro e impossibilidade de processos definitivos. Não se pode prever totalmente a evolução de uma situação na qual as pessoas interagem. Reconhecer a complexidade como fundamental em um domínio do conhecimento é defender uma ideia holística da realidade e a impossibilidade de sua redução por decomposição em elementos mais simples (*apud* Marpeau, 2000).

Isso não significa imobilizar-se em face do desafio, mas compreender a complexidade do trabalho de educar e a importância de educadores conscientes e bem preparados.

Na verdade, talvez, nessa complexidade, apenas uma coisa seja verdadeira: a ética para o outro reclama antes de mais nada não remetê-lo para fora da humanidade. Não arrancar ninguém de sua condição humana deveria ser, então, um dos primeiros princípios éticos a considerar em um processo social (Morin, 2005).

Em minha longa experiência de avaliadora sempre analisei informações de cunho cognitivo, penso, atualmente, que eu gostaria de criar instrumentos que servissem para incentivar a sociedade para transformar-se para melhor, mais justa, com maior equidade.

Afinal, como diz Teillard de Chardin (*apud* Assmann e Jung, 2000) "O progresso de uma civilização se mede pelo aumento da sensibilidade para o outro."

Referências bibliográficas

ASSMANN, Hugo; JUNG, Mo Sung. *Competência e sensibilidade solidária*: educar para a esperança. 3. ed. Petrópolis: Vozes, 2000.

BECKERS, Jacqueline. *Dévellopper et évaluer des competences à l'école*: vers plus d'efficacité et d'équitité. Bruxelles: Éditions Labor, 2002. Collection Pédagogie des Competences.

BERNARDO, Gustavo. *Educação pelo argumento*. Rio de Janeiro: Rocco, 2000. Colaboração de Gisele de Carvalho.

BOFF, Leonardo. *Saber cuidar — ética do humano — compaixão pela terra*. Petrópolis: Vozes, 1999.

BORDALLO, I.; GINESTET, J. P. *Pour une pédagogie du projet*. Paris: Hachette, 1993.

BURÓN, Javier. *Enseñar a aprender*: introducción a la metacognición. Bilbao: Ediciones Mensagero, 1991.

CHOMSKY, Noan. *Aspect de la théorie syntaxique*. Paris: Le Seuil, 1971.

COMBS, A. W. *Humanizing education*: the person in the process. Washington, DC: Association of Supervision and Curriculum Development. National Education Association, 1967.

CORTELLA, Mário Sérgio; LA TAILLE, Ives. *Nos labirintos da moral*. Campinas: Papirus, 2005.

DAMÁSIO Antônio R. *O erro de Descartes*: emoção, razão e o cérebro humano. Trad. Dora Vicente e Georgina Segurado. São Paulo: Companhia das Letras, 1996.

DEL NERO, Henrique Schützer. *O sítio da mente*: pensamento, emoção e vontade no cérebro humano. São Paulo: Collegium Cognitio, 1997.

DELORS, Jacques (Coord.). Os quatro pilares da educação. In: *Educação*: um tesouro a descobrir. São Paulo: Cortez, 1996. p. 89-102.

DELUIZ, Neisi. Qualificação, competências e certificação: visão do mundo do trabalho. SEMINÁRIO CERTIFICAÇÃO DE COMPETÊNCIAS PARA A ÁREA DA SAÚDE: OS DESAFIOS DO PROFAE. *Anais*... Brasília: Ministério da Saúde/ Secretaria de Gestão de Investimentos em Saúde, Projeto Profissionalização dos Trabalhadores da Área da Enfermagem, 2001. p. 27-36.

FEUERSTEIN, R.; FEUERSTEIN, S. *A theoretical review. Mediated Learning Experience (MLE) Theoretical, Psychosocial and Learning Implications*. London: Freund Publishing House, 1991.

FREIRE, Paulo. *Pedagogia da autonomia*: saberes necessários à prática educativa. Rio de Janeiro: Paz e Terra, 1999.

_____. *Educação como prática da liberdade*. Rio de Janeiro: Paz e Terra, 1983.

LE BOTERF, G. *Desenvolvendo a competência dos profissionais*. Trad. Patrícia Chittoni Ramos Reuillard. Porto Alegre: Artmed, 2003.

MACEDO, Lino. *Ensaios pedagógicos*: como construir uma escola para todos? Porto Alegre: Artmed, 2005.

MACHADO, Nilson. Sobre a ideia de competência. In: PERRENOUD, Philippe (Org.). *As competências para ensinar no século XXI*: a formação dos professores e o desafio da avaliação. Porto Alegre: Artmed, 2002. p. 138-155.

_____; CUNHA, Marisa O. Violência e palavra. In: *Linguagem, conhecimento, ação, ensaios de epistemologia didática*. São Paulo: Escrituras, 2003. Coleção Ensaios Transversais.

MAGER, Robert Frank. *A formulação de objetivos de ensino*. 6. ed. Porto Alegre: Globo, 1985.

MARPEAU, Jacques. *Les processus éducatif*: la construction de la personne comme sujet responsable de ses actes. Ramonville Saint-Agne: Edition-eres.com, 2000.

MORIN, Edgard. *O método 6*: ética. Trad. Juremir Machado da Silva. Porto Alegre: Sulina, 2005.

PERELMAN, Chaïm; OLBRECHTS-TYTECA, Lucie. *Tratado de argumentação*: a nova retórica. São Paulo: Martins Fontes, 1996.

PÉREZ, Matiniano Román. *Aprender a aprender en la sociedad del conocimiento.* Santiago do Chile: Arrayan Editores, 2005.

PERRENOUD, Philippe. *As competências para ensinar no século XXI*: a formação dos professores e o desafio da avaliação. Porto Alegre: Artmed, 2002.

RIOS, Terezinha Azerêdo. *Compreender e ensinar*: por uma docência da melhor qualidade. São Paulo: Cortez, 2001.

RUBIO, José Maria Leon; ANZANO, Sílvia Medina. *Psicología social*: orientaciones teóricas y ejercicios prácticos. España: MacGraw-Hill, 1998.

SASTRE Vilarrasa Genoveva; MORENO, Monteserrat Marimón. *Resolução de conflitos e aprendizagem*: gênero e transversalidade. Trad. Ana Venire Fuzatol. São Paulo: Moderna, 2002. (Educação em Pauta.)

TEDESCO, Juan Carlos. O *novo pacto educativo*. São Paulo: Ática, 1998.

TORRES, Maria Victória Trianes. *Educación y competencia social*: un programa en el aula. Málaga: Ediciones Aljibe, 1996.

UNESCO. *Aprender a viver juntos*: será que fracassamos? Brasília: UNESCO, IBE, 2003.

O EXERCÍCIO COMPETENTE DA DOCÊNCIA UNIVERSITÁRIA EM TEMPOS DE INCOMPETÊNCIAS SOCIAIS

Mara Regina Lemes De Sordi
Margarida Montejano da Silva

> *Como é que se escreve? Que é que se diz? E como dizer? E como é que se começa? E que é que se faz com o papel em branco nos defrontando tranquilo? Sei que a resposta, por mais que intrigue, é a única: Escrevendo.*
>
> Clarice Lispector

Introdução

Começar a falar sobre competências é sempre tarefa que envolve prudência e risco. A revelação do lugar de onde se fala desvela a intenção do processo e sugere algo sobre o destino que se almeja alcançar. Assim, alguma prudência é necessária para selecionarmos o tom. Exageros na linguagem, motivados pela indignação frente aos fatos, podem aduzir às críticas, rótulos desqualificadores, e servir à desmobilização das pessoas em torno das ideias-força que justificam a escritura. No entanto, a fala teórica esvaída da emoção pode indicar mera tarefa de expor dados como se estes nada tivessem a ver com a vida que vivemos individual e coletivamente e como se esta vida não fosse decorrente de escolhas e omissões que fizemos ou que foram feitas em nosso nome.

Assumir algum risco parece ser, então, fundamental para fazer emergir sentidos que parecem condenados ao silêncio e devolver-lhes a possibilidade de provocar reações nas pessoas que tiverem acesso ao texto, tornando mais transparente o contexto de sua produção e o pretexto que o orientou.

Nessa linha, construímos este ensaio apresentando a formação universitária como uma das possibilidades de contestação do *status quo* e elegemos o docente como um tradutor eticamente comprometido em fazer aflorar nos estudantes competências socialmente pertinentes colocando, sob suspeição, as competências regidas pelo viés mercadológico.

As possibilidades de um SIM crítico ao discurso das competências: a reconversão da rota

Temos visto o discurso pedagógico crítico ser apropriado, indevidamente, por diferentes atores sociais com interesses distintos. Isso tem gerado uma confusão semântica com repercussões políticas, que têm sido enfrentadas, sobretudo com a denúncia das contradições e um esforço de desqualificação dos vocábulos apropriados, como fossem estes os geradores do problema. Neste cenário, se inscreve o discurso das competências. Podemos afirmar que, há tempos, um discurso não mobilizava tanto a comunidade universitária. Contra ou a favor, todos se arriscam a ardorosamente defender seus pontos de vista.

Muita energia consumida neste esforço poderia ser canalizada em outra direção. Contra a eficácia do trabalho de denúncia do desuso do termo se coloca todo o arsenal das forças hegemônicas e seu repertório acumulado reforça-se na falácia de que algo substantivamente inovador está ocorrendo na educação. Pode-se dizer que tal hegemonia, sem qualquer tipo de encabulamento, sequestra vocábulos do discurso crítico para usá-los em favor da manutenção de seus interesses, reage às críticas recebidas com indiferença, confiante em sua capacidade de persuasão, possuidora que é de instrumentos de regulação da qualidade do sistema educacional.

Parece estratégico revermos nossa postura diante do discurso das competências e procurarmos, contraditoriamente, enfrentar o viés mercadológico que o reveste, por meio da recuperação da reflexão sobre seus significados na docência universitária. Talvez, isso nos permita reconverter os efeitos deste discurso para uma direção que melhor responda aos anseios de uma educação superior socialmente pertinente e assim qualificarmos o SIM ao discurso das competências que subjaz a muitos dos textos dos projetos político-pedagógicos (PPP) de nossos cursos de graduação.

Santos (2006, p. 116), recuperando o pensamento de Ernest Block, nos faz pensar sobre os significados e diferenças entre o Não, o Nada, o Sim e o Ainda-Não:

> O Não é a falta de algo e a expressão da vontade de superar essa falta. É por isso que o Não se distingue do Nada. Dizer não é dizer sim a algo diferente. O Ainda-Não é a categoria mais complexa, porque exprime o que existe apenas como tendência, um movimento latente no processo de se manifestar. O Ainda-Não é o modo como o futuro se inscreve no presente e o dilata. É uma possibilidade e uma capacidade concretas que nem existem no vácuo, nem estão completamente determinadas. [...] Objectivamente, o Ainda-Não, é, por um lado, capacidade (potência) e, por outro, possibilidade (potencialidade).

No campo da formação universitária, ao pronunciarmos um NÃO, deixamos clara a posição assumida e a impossibilidade de acordos conciliatórios que postergam, mascaram ou dissimulam nossa intenção e nossa firmeza de princípios. Como se depreende, há um SIM alternativo que pode estar latente no projeto, sinalizando a imagem de futuro que norteia nossa ação (o AINDA-NÃO).

Vivemos, no entanto, em um momento histórico delicado em que se observa a dificuldade de assumirmos o Não. Aos problemas que nos afligem e que nos desafiam, temos respondido com conformismo na direção do Nada. O Nada implica nenhuma possibilidade de ação contestatória. Logo, nenhuma esperança. Nenhum futuro se apresenta possível de ser construído e isso nos remete à mera repetição do presente por mais que ele nos inquiete e nos envergonhe.

O NÃO silenciado, contraditoriamente, faz o AINDA-NÃO, campo das possibilidades e esperanças expressos nos PPP, ficar adormecido nos discursos que não parecem ser soluções credíveis para a complexidade da realidade existente.

Consideramos o docente universitário um ator fundamental no território da formação profissional, capaz de mobilizar estudantes para ações técnica e eticamente consequentes, orientadas pelo desejo de produzir uma sociedade mais feliz e justa.

As relações travadas entre docentes e estudantes na ambiência da educação superior, num país onde esta ainda é privilégio de poucos, pode exercer importante influência nas formas de inserção no mundo do trabalho e no compromisso social dos egressos das escolas. Pode ajudar a formar cidadãos socialmente competentes, comprometidos com a construção de uma sociedade democrática e solidária ou perpetuar incompetências sociais em muitos diplomados em nível superior, que se habituam a pensar a cidadania sob a ótica e a ética do individualismo. Neste sentido, inserem-se as insensibilidades e irresponsabilidades para como o outro, para a coletividade.

Segundo Del Prette e Del Prette (1999), a competência social possibilita o desenvolvimento de características positivas para o crescimento pessoal e o respeito pelos direitos humanos socialmente estabelecidos.

Considerando que o sujeito se humaniza nas relações com o outro e com a natureza, a competência social possibilita a melhoria da qualidade das relações coletivas e, Gramsci nos auxilia quando diz:

> [...] a síntese dos elementos constitutivos da individualidade é "individual", mas ela não se realiza e desenvolve sem uma atividade para o exterior, atividade transformadora das relações externas, desde as com a natureza e com os outros homens [...] até a relação máxima que abraça todo o gênero humano (1995, p. 47).

Rios (2004) nos alerta que uma pessoa não pode ser competente sozinha. E assim para potencializar a produção de um SIM mais consistente, precisamos de organização, porque esta tarefa é obra coletiva que não se esgota no território da docência superior, mas que não pode ser deste território banida.

O posicionamento político dos docentes nos diferentes cursos de graduação em que atuam poderá se constituir em grande ação estratégica rumo a um redirecionamento da formação universitária. Parece ser fundamental incutir nos egressos de nossas escolas o compromisso com as demandas de uma sociedade, que pela experiência da escassez material e afetiva, resultantes do mundo globalizado, tem aprendido a perceber a impossibilidade política de ficar assistindo indiferente a um progresso que tem produzido tanto sofrimento humano às pessoas.

Em momento histórico em que nunca se viu tanta inversão de valores, a utilização do discurso das competências deve ser ressignificada de modo a subsidiar uma formação eticamente comprometida e tecnicamente sustentada. O trabalho docente que se desenvolve em nossas instituições de educação superior (IES) deve transitar neste território e, sempre que possível, permitir a emergência de novas subjetividades nos futuros profissionais, de modo a tornar possível uma outra sociedade. Estas novas subjetividades devem ser fortes o suficiente para transformar sua inquietude em energia emancipatória, enfim subjetividades que queiram empenhar-se nas competições paradigmáticas, tanto no nível epistemológico como no societal (Santos, 2005).

Uma formação universitária com esta característica requer uma mediação dos profissionais docentes que se assente na reflexão sobre o que ainda não existe, indagando por que não pôde existir até então:

> O passado que nunca foi exige uma reflexão sobre as condições que o impediram de ser. O passado que hoje é transformado em presente é o passado que não foi autorizado a existir. Tornado presente não como solução pronta, mas como um problema criativo susceptível de abrir novas possibilidades (Santos, 2005, p. 347).

Assumir a ignorância e a cegueira produzidas historicamente em nós sobre o passado e sobre o presente nos ajuda a colocar novas questões para o ensino de graduação e nos parece ser um bom começo para refletir sobre os desafios da pedagogia universitária.

As fronteiras da docência universitária: o território e seus usos

O desafio da formação universitária em tempos de mudanças aceleradas surpreendeu a todos os envolvidos com a educação superior. Vários desafios se interpuseram ao trabalho docente universitário em função das novas demandas geradas pelo mundo produtivo que, inclusive, ajudaram a legitimar o currículo por competências e a subsequente avaliação destas competências atestando o novo padrão de qualidade desejado dos egressos dos cursos de educação superior.

A democratização do acesso à educação superior fez com que novos grupos sociais pudessem adentrar território quase sagrado (desde que aceitassem fazê-lo em instituições privadas, é importante que se registre) e trouxe novas preocupações ao campo da pedagogia universitária.

Políticas economicistas passaram a reger o sistema educacional e afetaram as IES, notadamente as universidades públicas, provocando sucateamento das condições de ensino, entre outras coisas. Observou-se certa precarização do trabalho docente exatamente no momento em que dele mais se esperava comprometimento com a qualidade da formação, de modo a dar conta da chamada formação por competências, reinaugurando-se o tempo da avaliação produto-centrada.

Carentes de formação pedagógica, os docentes universitários, em geral, vinham sendo autodidatas ou reproduzindo práticas exitosas de profissionais bem-sucedidos que lhes serviam de referência. Respeitados em áreas específicas de atuação, automaticamente pareciam credenciados a entrar no campo da docência convencidos de que possuíam repertório capaz de habilitá-los a enfrentar a sala de aula universitária sem maiores problemas. Por bom tempo puderam exercer este ofício sem que lhes fosse cobrada a disposição para produzir inovações nas formas de organização do trabalho pedagógico que praticavam.

Seja pelas mudanças no mundo do trabalho, seja pelas políticas de avaliação sobre a qualidade de ensino de graduação, seja pelas exigências de competitividade na disputa pelo mercado educacional, as IES se deram conta de que a transformação dos projetos pedagógicos de seus cursos, que deviam buscar aderência ao proposto nas diretrizes curriculares nacionais (DCN), exigia a mudança dos modelos pedagógicos praticados nos cenários da aprendizagem. Erigir um novo padrão de docência e um novo agir pedagógico para atender às novas competências requeridas nos profissionais saídos dos bancos escolares passou a ser uma meta indicativa para os processos decisórios dos gestores educacionais. A noção da competência contida nas DCN está relacionada à valorização da autonomia do trabalhador diante da instabilidade do mundo do trabalho e das mudanças nas relações de produção. Neste sentido, o agir competente realiza-se pela "capacidade de mobilizar, articular e colocar em ação valores, conhecimentos e habilidades necessários para o desempenho eficiente e eficaz de atividades requeridas pela natureza do trabalho" (Brasil. CNE/CEB, Resolução n. 4/99, art. 6º).

Tudo isso repercutiu em maior complexidade para a tarefa dos docentes universitários. Passam a ter que aprender a lidar com classes numerosas, com grupos heterogêneos de estudantes, devendo ampliar-lhes o capital cultural, bem como compreender e corrigir as lacunas e as deficiências herdadas da formação anterior. Precisam agregar-lhes valores, desenvolver-lhes pensamento crítico, trabalhar interdisciplinarmente, introduzir metodologias ativas, avaliar formativamente, produzir ensino com pesquisa e, ainda, sobretudo, preparar alunos para obterem sucesso nos exames nacionais de desempenho. Tudo isso, via de regra, a fim de contribuir para que as IES desfrutem de boa imagem mercadológica e se saiam bem nos processos de regulação instituídos para monitorar a expansão desordenada da educação superior brasileira.

Curiosamente, percebe-se um aumento na disposição dos profissionais-docentes para reverem suas práticas pedagógicas, desejosos de superar a desmotivação dos estudantes que reina nas salas de aula. Começa a germinar aí a possibilidade de alargamento das fronteiras do território de atuação do docente universitário. Podem-se agregar valores que ajudem a firmar novas concepções de qualidade do ensino de graduação se concebermos, com precisão ético-epistemológica, processos de educação permanente à luz das competências mais amplas e dos saberes que são necessários à formação universitária do século XXI (Santos, 2004; Rios, 2002; Sordi, 2005; Perrenoud *et al.*, 2001; Vasconcellos, 2005; Veiga e Castanho, 2002; Pimenta e Anastasiou, 2002).

É importante, no entanto, não perder de vista o sentido que esta formação deve ter para ampliar as chances de vir a produzir outras subjetividades nos egressos da educação superior. Tomamos como pressuposto de que existe, na docência universitária, uma missão formadora do Homem, na qual se inclui o compromisso com a profissionalização.

A forma de conceber e implantar esses recursos de apoio à ação docente, visando torná-la mais contemporânea, pode fazer diferença distintiva entre o que se chama boa e má educação. Sacristán lembra:

> A conducta profesional puede ser una pura respuesta adaptativa a las condiciones y requerimientos impuestos por los contextos preestabelecidos, pero puede entenderse desde un punto de vista crítico como la fuente de interrogantes y problemas capaces de estimular su pensamiento y su aptitud para adoptar decisiones estratégicas inteligentes que le permitam intervenir en los contextos. La competencia docente no es tanto una técnica compuesta por una serie de destrezas asentadas en conocimientos concretos o creadas y transmitidas a través de la experiencia, como tampoco es puro descubrimiento personal, aunque algo de todo ello se da en realidad. El docente no es un técnico ni un improvisador, sino un trabajador que puede utilizar su conocimiento y su experiencia para desenvolverse en contextos pedagógicos prácticos preexistentes (1997, p. 102).[1]

---

[1]. A conduta profissional pode ser uma pura resposta adaptativa às condições e exigências impostas pelos contextos preestabelecidos, mas pode ser entendida a partir de um ponto de vista crítico como fonte de interrogações e problemas capazes de estimular seu pensamento e sua atitude para adotar decisões estratégicas inteligentes que lhe permitam intervir nos contextos. A competência docente não é tanto uma técnica composta por uma série de destrezas assentadas nos conhecimentos concretos ou criadas e transmitidas através da experiência, como tampouco é puro descobri-

Enxergar com nitidez os dilemas que o professor universitário enfrenta para realizar o trabalho pedagógico que lhe compete conduzir nos fez compreender a semelhança entre o discurso de mudança que profere com aquele veiculado em verso e prosa tanto pelas forças progressistas como conservadoras. Fez-nos, mais do que isso, problematizar a quase total impossibilidade técnica de operacionalizar este discurso na prática, seja por falta de condições pessoais, institucionais ou sociais, mesmo frente à imperiosidade de transformação de suas práticas pedagógicas.

Simultaneamente, nos fez refletir sobre a questão da territorialidade da docência universitária como algo historicamente construído, delimitado por fronteiras que, em tese, deixam circunscrito o âmbito do trabalho docente. Porém, estes limites também contêm porosidades que possibilitam a intervenção humana. A ampliação deste território está a depender das relações de convivialidade que docentes podem estreitar, construindo redes solidárias em que a categoria da vizinhança citada por Milton Santos possa ser praticada.

> Assim, o cotidiano de cada um se enriquece pela experiência própria e pela do vizinho, tanto pelas realizações atuais como pelas perspectivas de futuro [...]. As dialéticas da vida nos lugares, agora mais enriquecidas, são paralelamente o caldo de cultura necessário à proposição e ao exercício de uma nova política (Santos, 2003, p. 173).

Um ensino de graduação com outra lógica norteadora, especialmente a concebida como alternativa pelos setores progressistas da sociedade, não pode ser alcançada sem o concurso e a adesão dos estudantes, dos docentes e dos gestores. Contraditoriamente, isso parece possível dada a fluidez dos discursos de mudança que permite múltiplas configurações, dando ensejo a novas cartografias. Há que se trabalhar de modo organizado para construir alianças que possam originar um novo pacto de qualidade entre os diferentes atores sociais.

---

mento pessoal, embora tudo isso se dê na realidade. O docente não é um técnico e nem um improvisador, senão um trabalhador que pode utilizar seu conhecimento e sua experiência para desenvolver-se em contextos pedagógicos práticos preexistentes.

Estas relações que se pretendem estreitar são favorecidas pela subjetividade da fronteira descrita por Santos (2005, p. 354).

> A subjetividade de fronteira coloca-se em melhor posição para compreender a opressão que o centro reproduz e oculta através de estratégias hegemônicas. Na transição paradigmática, a subjetividade de fronteira navega por cabotagem, guiando-se ora pelo paradigma dominante ora pelo emergente. Sabe que só ziguezagueando poderá chegar. [...] Vai preenchendo os vazios, navegando e superando os limites ora próximos ora distantes. Os centros ficam totalmente dependentes do que acontece nos limites exteriores de sua jurisdição e se tornam eles próprios acêntricos.

Os laços de fronteira são preciosos justamente por sua raridade, precariedade e utilidade vital. Constituem forma privilegiada de sociabilidade, que favorecem a orquestração das forças progressistas. São características da vida na fronteira:

- Invenção de novas formas de sociabilidade.
- Hierarquias fracas.
- Pluralidade de poderes e ordens jurídicas.
- Fluidez das relações sociais.
- Mistura de heranças e invenções.
- Uso seletivo e instrumental das tradições trazidas para a fronteira.

Evidentemente, a vida na fronteira tende a ser instável e perigosa, fora dos esquemas convencionais dominantes da sociabilidade. A fronteira vive, simultânea e contraditoriamente, a prática da utopia e a utopia da prática. É por isso que a educação crítica reclama pela superação dos discursos de denúncia e pela ação organizada para enfrentar tudo aquilo que contradiz os PPP, que alguns, convenientemente, documentam para virarem apenas letra morta. Ao discurso dos PPP, cabe-nos fazer emergir condições concretas para uma práxis docente coerente com os eixos ético-epistemológicos nele contidos.

A reflexão sobre esta subjetividade de fronteira tende a qualificar os debates sobre a pedagogia universitária, tornando-a mais próxima daquela necessária para enfrentar os desafios de uma realidade fortemente marcada por signos da incompetência social. A construção de identidades de fronteiras, no entanto, é processo lento, precário e difícil especialmente pela escassez de tempos-espaços, que permitam o encontro dos atores interessados na proposição e sustentação de um PPP alternativo, que se constrói nas contradições das políticas educacionais ditadas pelo capital (Sordi, 2006b).

O planejamento de processos de educação permanente dos docentes universitários pode se revelar estratégia importante, tanto para a capacitação pedagógica dos profissionais-docentes, como também espaço privilegiado para fazer aflorar as contradições e as consequências derivadas das opções aparentemente técnicas que fazem ao conceber os processos de ensino-aprendizagem que ministram.

Os docentes, partícipes de um PPP que se coloca a serviço da alteração do *status quo*, mesmo pressionados pelas instâncias de poder, poderão aprender a dar sentido ao seu "território usado". Necessitarão ganhar poder, tornando-se competentes para usá-lo em favor da produção de novas subjetividades nos egressos dos cursos, estas socialmente pertinentes. Uma competência profissional irretocável porque, acima de tudo, é humana e ética.

A pedagogia universitária e sua capacidade agregadora de valores socialmente pertinentes na educação superior

> "Ninguém sabe melhor do que tu, sábio Kublai, que nunca se deve confundir a cidade com o discurso que a descreve. No entanto há uma relação entre ambos."
>
> Italo Calvino

Temos tido oportunidade, em trabalhos de capacitação pedagógica desenvolvidos junto a professores universitários, de captar a percepção que estes possuem da realidade da educação superior no Brasil. Inusitadas afirmações surgem, tais como jargões, e vão sendo repetidas, viciosamente, o que nos causa alguma inquietação:

"Não há uma política de ensino séria; não há valorização do trabalho em sala de aula; o ensino superior brasileiro está sucateado; os alunos chegam sem condições de acompanhar os conteúdos; na estrutura atual, ensino-pesquisa e extensão é uma falácia; o ensino superior é um fracasso porque já recebemos alunos fracassados; o problema está nos níveis de ensino fundamental e médio; os professores são despreparados, ou, sabem muito, contudo, não sabem como repassar o conteúdo."

Constatamos, na efervescência dos discursos, que as críticas se misturam, ora voltadas ao ambiente institucional em que se acham inseridos, ora ligadas à realidade socioeconômico e cultural dos alunos que se matriculam nos cursos, ora direcionadas às políticas que regem a educação superior. Pouca alusão é feita em relação ao trabalho de mediação pedagógica protagonizado pelo docente.

A presença ostensiva e voraz do mercado educacional que anuncia e trata, a qualquer custo, o ensino como mercadoria, também povoa o discurso dos professores revelando perplexidade diante de slogans pretensamente redentores dos problemas de ordem material que afetam a sociedade: "Seja mais agressivo: invista em si mesmo! Educação a distância: a distância mais curta entre a formação e o mercado de trabalho! A autogestão é o caminho! Concorra, prepare-se já! Seja competente, tenha competência."

Observa-se que o discurso neoliberal segue avançando, nutrindo-se das próprias contradições que gera, tanto quando induz nos professores um certo conformismo social, como quando aponta saídas para a crise centradas no viés meritocrático.

Aos problemas de inserção no mercado de trabalho, exigente de competências e habilidades cada vez mais refinadas dos atores sociais, novas alternativas se apresentam na luta pela inclusão social. O mercado, agora com feição benevolente, oferece aos sujeitos possibilidades de acesso à educação superior, institucionalizando, em cadeia, organizações que certificam a formação profissional, ainda que pouco acrescentem a título de formação humana. Vê-se, com isso, ampliar-se o número de "incluídos-excluídos" no mundo do trabalho, possuidores de certificação que formalmente os credencia a postular espaço profissional. Legitimados por meio da avaliação por competência, o que se vê, concomitantemente, é agigantar-se o mercado educacional que vende "competências-incompetentes" aqui compreendidas pela precarização da formação profissional na qual valores éticos e morais são banalizados ou subtraídos, assim como são solapados os direitos do cidadão em receber uma formação abrangente e capaz de estabelecer uma crítica social.

Levando-se em conta que, na realidade tida como pós-moderna, tudo é tateante, relativo e contingente, esta forma de fazer educação ganha sentido fazendo-nos perceber que é este um cenário ideal para a incorporação passiva e acrítica do pensamento dominante. Contudo, é preciso considerar o compromisso social com a formação profissional das novas gerações, bem como o entendimento que se tem sobre a qualidade da educação superior. Neste sentido, revisitamos a legislação e encontramos, nos incisos do artigo 43 da LDB n. 9.394/96, argumentos que clamam por atenção. Vejamos:

> Estimular a criação cultural e o desenvolvimento do espírito científico e do pensamento reflexivo; formar diplomados nas diferentes áreas de conhecimento, aptos para inserção em setores profissionais e para a participação no desenvolvimento da sociedade brasileira, e colaborar na sua formação contínua; incentivar o trabalho de pesquisa e investigação científica, visando o desenvolvimento da ciência e da tecnologia, da criação e difusão da cultura, e, desse modo, desenvolver o entendimento do homem e do meio em que vive; promover a divulgação de conhecimentos culturais, científicos e técnicos que constituem patrimônio da humanidade e comunicar o saber através do ensino, de publicações ou de outras formas de comunicação; suscitar o desejo permanente de aperfeiçoamento cultural e profissional e possibilitar a correspondente concretização, integrando os conhecimentos que vão sendo adquiridos numa estrutura intelectual sistematizadora do conhecimento de cada geração; estimular o conhecimento dos problemas do mundo presente, em particular os nacionais e regionais, prestar serviços especializados à comunidade e estabelecer com esta uma relação de reciprocidade; promover a extensão, aberta à participação da população, visando à difusão das conquistas e benefícios resultantes da criação cultural e da pesquisa científica e tecnológica geradas na instituição.

Com base no compromisso anunciado pela LDB, são muitas as tarefas a serem assumidas pelos profissionais da educação e estas devem ser objeto de algum controle social, principalmente porque o desenvolvimento da nação está diretamente ligado ao tratamento que se dá à questão educacional e, neste âmbito, a educação superior tem papel crucial.

A formação superior para exercer pressão transformadora no campo de forças a que está submetida requer posicionamento naquilo que tem definido como qualidade educacional. Requer que decida a quem quer servir: ao mercado exclusivamente ou à sociedade? Exige que esclareça a qual NÃO pretende construir um SIM alternativo de cunho emancipatório.

Vários aspectos interferem na resposta que se quer dar a esta indagação. Revelam-se como nós a serem desatados para que novos nós, agora de arremate, nos permitam a tessitura da pedagogia universitária que desejamos. Trataremos destes nós separadamente como recurso de exposição apenas. São nós que se embaraçam e a tentativa de separá-los pode gerar problemas: o perfil do docente que ensina (e aprende); o compromisso do estudante que aprende (e ensina); a seleção dos conhecimentos considerados socialmente válidos para sustentar os objetivos da formação e que expressam as novas exigências postas pela atualidade a serem construídas e a natureza do trabalho pedagógico que alunos e professores desenvolverão ao longo do curso, incluindo a escolha dos cenários da aprendizagem e a flexibilidade dos tempos/espaços educativos.

Quem sabe faz a hora, não espera acontecer: a vez e a voz dos professores

Duas das categorias propostas por Boaventura Santos, a sociologia das ausências e a sociologia das emergências, embasam o exame que faremos sobre as competências do docente universitário. O cerne do debate está na urgência de retomar competências que foram historicamente produzidas e fazer aflorar outras competências que precisam emergir. O autor nos fala que "[...] há produção de não existência sempre que uma dada entidade é desqualificada e tornada invisível, ininteligível ou descartável de um modo irreversível" (2006, p. 162). Assim, alguns traços da docência universitária que queremos (precisamos) superar são expressão fiel de um modelo de docência que se legitimou pela desqualificação de outro, tornado indesejável e, portanto, ausente.

A sociologia das emergências é a investigação das alternativas que cabem no horizonte das possibilidades concretas de reação ao instituído. Traz à tona o exame das formas de docência ainda não testadas ou reconhecidas como legítimas. Uma se move no campo da valorização das experiências sociais existentes e desprezadas, e outra no campo das expectativas sociais que estão a exigir novas alternativas de ação capazes de melhorar a vida das pessoas, do entorno social.

> Uma e outra visam alimentar ações coletivas de transformação social que exigem sempre um envolvimento emocional, seja ele o entusiasmo ou a indignação. No seu melhor esse envolvimento realiza o equilíbrio entre as duas correntes da personalidade, a corrente fria e a corrente quente. A corrente fria é a corrente do conhecimento dos obstáculos e das condições da transformação. A corrente quente é a corrente da vontade de agir, de transformar, de vencer os obstáculos. A corrente fria impede-nos de sermos enganados; conhecendo as condições mais dificilmente nos deixamos condicionar. A corrente quente, por sua vez, impede-nos de nos desiludirmos facilmente; a vontade do desafio sustenta o desafio da vontade (2006, p. 119).

A pedagogia universitária é apontada como campo que reclama por atenção, dada a centralidade que ocupa na vida das pessoas evidenciada pela crescente demanda de estudantes para a educação superior. Isso nos levou a interrogar se os professores que nela atuam estão conscientes da complexidade dos problemas que rondam o trabalho pedagógico que desenvolvem junto a este segmento e que de alguma forma o determinam. Como superá-los se não os reconhecermos? Como fazer emergir outras alternativas nos modos de ensinar/aprender/avaliar que introjetamos, se não nos habilitarmos para compreender por que esta pedagogia que reproduzimos se hegemonizou?

Em estudo anterior (Sordi, 2006a), entrevistamos vários professores universitários considerados referências em distintas áreas do conhecimento, visando identificar, sob sua ótica particular, dilemas, desafios e tendências da área. Com base nestes achados, decidimos dar voz aos docentes para melhor conhecermos as possibilidades destes "fazerem a hora" e produzirem mudanças nos cenários em que atuam.

Foi presença constante nos discursos dos docentes entrevistados a denúncia das dificuldades do bem formar, quando a docência universitária é submetida às políticas externas de avaliação, que têm marcado a realidade educacional brasileira nos últimos tempos. Vejamos:

"O que se tem visto é a queda do padrão de qualidade e de consistência do trabalho de ensino nas instituições de ensino superior em decorrência de um complexo espectro de causas, com destaque para a falta de condições técnico-pedagógicas de trabalho dos professores, do regime de trabalho passando pelo rebaixamento de salários, chegando ao equivocado modo como se tem lidado com o conhecimento no âmbito da pedagogia universitária. Baseada num ensino predominantemente informativo e expositivo, não há como tornar fecunda essa pedagogia" (docente da área de humanas).

Na mesma direção, outro depoimento correlaciona o trabalho docente às determinações apresentadas pelo sistema político-econômico:

"A figura isolada do professor foi facilmente aniquilada pelo sistema escolar capitalista. Ele é um proletário na dinâmica capitalista — sofre a alienação de seu trabalho que é forte e agressiva, porque é a alienação do pensamento. Não é porque ele lida com um bem intangível que é o conhecimento que o professor está acima das determinações da dinâmica econômica. Infelizmente os professores preferem responder a esta realidade histórica com o ressentimento e não com a participação" (docente da área das ciências sociais e aplicadas).

Hargreaves (1996) nos diz que não existe nenhuma realidade social apreensível além dos signos da linguagem, da imagem e do discurso. Assim também se pronuncia o professor a seguir:

"Há um culto das palavras, dos objetivos. Idolatria das diretrizes curriculares. Estes documentos são verdadeiros fetiches dos educadores, que se somam a outros fetiches como as avaliações institucionais, as comissões, um ritual de seriedade que parece dar à educação um ar de solenidade que ela não possui" (docente da área das ciências da vida).

Num misto de esperança e lucidez, um docente atuante na área das ciências exatas e tecnológicas expressa o que pensa sobre a realidade das práticas avaliativas:

"A perspectiva da interdisciplinaridade deve ser incentivada como exigência forte para a compreensão global que articule as diversas análises particulares e especializadas; mas a fragmentação é fortalecida, entre outros fatores, pelas práticas avaliativas adotadas que privilegiam rendimento em disciplinas específicas e desempenho individual."

De igual modo, vê-se nos depoimentos um posicionamento crítico-reflexivo sobre a realidade educacional, assim como a consciência do valor da educação formal e da universidade como polo cultural e intelectual:

"Apesar da revolução da informação que está em curso, a educação escolarizada ainda é o esteio de uma nação democrática. Infelizmente o professor vem sendo desautorizado na sua condição profissional pelas precárias condições de trabalho e pela lógica pragmática da produtividade que o avalia levando em conta sua condição de dar respostas aos modelos externos. Retira-se dele a condição de autoria, principal capacidade de um profissional competente" (docente da área de ciências sociais aplicadas).

"O atrelamento da educação à função mercadológica é o ponto mais crítico. A universidade perde sua função de polo cultural e intelectual e se transforma em formadora de profissionais que precisam tirar 'A' no provão. Esta perspectiva está vinculada a um redimensionamento do papel do Estado e seu projeto educativo. Retrocedemos na construção de um projeto educativo na Constituinte de 1988 e que favoreceu o embrião de experiências interessantes no campo da pedagogia universitária" (docente da área de ciências sociais aplicadas).

Na sinopse de sua obra *Educar por competencias, ¿O que hay de nuevo?*, Sacristán (2008) afirma:

> Las competencias no pueden confundirse con habilidades y destrezas que, por ser simples y mecánicas, son incapaces de afrontar el cambio, la incer-

tidumbre y la complejidad de la vida contemporánea [...] colaborar en proyectos culturales, científicos, artísticos o tecnológicos de calidad es la mejor garantía de formación de estas competencias [...]. Este programa requiere, definitivamente, refundar, reinventar la escuela que conocemos.[2]

Observamos que muitas marcas da pedagogia universitária contemporânea, fortemente criticadas, são vistas como resultado das políticas educacionais instituídas ao longo do tempo. Sob que aspectos e para quais atores sociais estas políticas podem ser consideradas competentes? É possível que nestas políticas convivam, simultânea e harmonicamente, o germe da competência técnico-científica e da incompetência ético-política? A quem se dará o rótulo de "competentes-incompetentes"? Aos docentes que as executam ou aos seus formuladores? Antes de nos aventurar a dar uma resposta a esta questão é preciso que se esclareça o que estamos chamando de competentes-incompetentes: são sujeitos que sabem fazer, entendem o que fazem, mas não se mostram comprometidos com o trabalho de mudança que o acesso e a construção do conhecimento deveria possibilitar ao conjunto da sociedade. Por outras palavras, assumem a postura do não envolvimento, da abstenção à ação transformadora que as relações solidárias, criativas e coletivas podem proporcionar.

As categorias de nação ativa e nação passiva citadas por Milton Santos nos auxiliam a entender melhor este quadro:

> As atividades dessa nação passiva (em nosso caso, os docentes universitários) são frequentemente marcadas pela contradição entre a exigência prática da conformidade, isto é, a necessidade de participar direta e indiretamente da racionalidade dominante, e a insatisfação e o inconformismo dos atores diante dos resultados sempre limitados. Daí o encontro cotidiano de uma situação de inferiorização, tornada permanente, o que reforça em seus participantes a noção de escassez e convoca a uma reinterpretação

---

2. As competências não podem confundir-se com habilidades e destreza, que, por ser simples e mecânicas, são incapazes de confrontar a mudança, a incerteza e complexidade da vida contemporânea [...] colaborar em projetos culturais, científicos, artísticos ou tecnológicos de qualidade é a melhor garantia de formação destas competências [...]. Este programa requer, definitivamente refundar, reinventar a escola que conhecemos (2008).

da própria situação individual diante do lugar, do país, do mundo (2001, p. 96).

A formação universitária que desejamos é afetada por microdecisões que tomamos e que revelam a coerência e o comprometimento com o projeto coletivo do qual somos parte. Será que, sendo parte, o docente universitário (re)conhece a totalidade da obra que ajuda a construir?

"Todo mundo sabe o que deve ser feito, apenas não o faz, o que gera reprodução dos velhos modelos curriculares de acúmulo de conhecimento por compactação na cabeça do aluno, mas sem conscientização e aprendizado real e duradouro" (docente da área de ciências exatas e tecnológicas).

"É preciso exercer autonomia ancorada na consciência e clareza dos condicionantes a que estamos sujeitos individual e coletivamente" (docente da área de ciências humanas).

"Não abdicar de pensar pois o cientista lotado de saber, de domínio da ciência, mas que não sabe as consequências de seu ato, ele está deslocado de seu mundo" (docente da área de ciências da saúde).

"O 'cliente' de um curso não é o aluno, mas a sociedade. Assim, o impacto social de um curso é a medida de sua qualidade, este é meu critério de excelência" (docente da área de ciências humanas e sociais aplicadas).

Se concordarmos que a avaliação tem ocupado um lugar importante na vida dos estudantes, dos docentes, das instituições, das políticas educacionais em todos os níveis de ensino, parece essencial refletirmos sobre o seu lugar no território da docência universitária. Compreender as dimensões explícitas e implícitas que perpassam a organização do trabalho pedagógico e, dentro deste, mudar as lógicas da avaliação universitária e convertê-las em recurso que assista à aprendizagem implica assumir que esta deva estar a serviço de um determinado construto de qualidade. Onde queremos chegar (objetivos micro e macrossociais) exige a escritura e leitura de um mapa que nos localize a todos e a cada um de nós sobre o sentido de nosso trabalho, a intenção de nossa ação pedagógica.

A avaliação deve ser acionada para reafirmar estas posições contidas no mapa. Ao mapa podemos chamar de projeto pedagógico. Faz sentido avaliar este projeto *pari passu* e as coerências e consequências de nossas escolhas, assim como examinar quais os atores que chamamos para participar desta tarefa de modo a manter firme o pacto de "qualidade negociada" (Bondioli, 2004). Como se depreende, podemos aprender e ensinar novos sentidos para a tarefa avaliativa capazes de nos libertar de sua feição controladora.

A avaliação não pode vir a reboque do processo ensino-aprendizagem. Ela é decisão que se toma no coletivo também à luz da concepção de qualidade que se quer firmar. Não é atividade de âmbito privado. Deve ser monitorada pelo conjunto de atores interessados na promoção do bem comum (Santos, 2005; Leite, 2005).

Não podemos ignorar como surgiram determinadas visões educacionais, como foram sendo incorporadas e o quanto legitimaram uma determinada visão de qualidade, contribuindo para produção de uma sociologia das ausências. A depender do que pactuamos como qualidade da educação superior, a emergência de visões alternativas e ampliadas de competências será possibilitada ou negada. Uma vez mais, quem sabe faz a hora, não espera acontecer.

O docente universitário não pode se furtar de seu protagonismo na elaboração e leitura deste mapa. Pertence-lhe o compromisso de torná-lo inteligível aos demais atores interessados no alcance destes objetivos socialmente relevantes. Para isso também ele merece ser estimulado nos espaços de capacitação e aprendizado coletivo que sejam propostos. Para que possam germinar, as sementes devem ser lançadas.

Estes moços, pobre moços! Ah se soubessem o que eu sei... Os estudantes em foco

Uma questão que se apresenta para os professores universitários é confrontar-se com o perfil dos estudantes que recebem em suas salas de aula. Compreendem que devem fortalecê-los para a disputa pelas vagas do mercado, escasseadas ao longo dos tempos, e simultaneamente dar conta de um ingressante debilitado socioculturalmente ou simplesmente desmotivado.

Sabem que a competição que aguarda seus alunos lá fora é selvagem e lhes parece impossível vencer este desafio sem que se construam processos de ensino-aprendizagem rigorosos, exigentes. Para isso precisam de condições objetivas de trabalho, bem como apoio didático-pedagógico que não se resuma a mero treinamento no uso das técnicas de ensino.

"Estamos convencidos da evidente necessidade de facultar o acesso de estudantes ao ensino superior, precisamos pensar e agir no sentido de encontrar meios que lhes garantam o sucesso na travessia desses estudos e não apenas em sua entrada" (docente da área de ciências da vida).

"Falta a capacidade mínima de expressão (falam mal e escrevem pior ainda) e falta a capacidade de contextualização. Mas os cursos também estão longe de oferecer qualidade e exigir dos alunos uma postura séria. Não há rigor na proposição e na correção dos trabalhos, não se avalia o aproveitamento, não se orienta o aluno a contento. A insuficiência, portanto, encontra-se com a leniência e o resultado normalmente é a incompetência" (docente da área de ciências humanas e sociais aplicadas).

"Confunde-se liberdade dos alunos com deixá-los ao léu. Para um projeto de mudança, minhas prioridades estariam na qualificação e responsabilização do corpo docente e no estabelecimento de padrões mais rigorosos para o desempenho dos alunos" (docente da área de ciências humanas e sociais aplicadas).

Merece reflexão nossa habitual forma de entender o processo ensino-aprendizagem, simbolizado pelo hífen que une os dois processos. Zabalza nos alerta: "[...] cada aluno é um mundo; nesse espaço do hífen — costumamos pensar — cada um aprende à sua maneira e vive como pode. Nesse mundo particular, não podemos entrar" (2004, p. 156).

Parece importante compreender que neste espaço, fragilmente conectado pelo hífen, joga-se a sorte dos estudantes e aí entra em cena, nos processos de capacitação do docente universitário, a forma como a avaliação aparece desgarrada das demais categorias do trabalho pedagógico.

Como se fosse apenas uma questão de medida, isenta de valores, isenta da subjetividade própria de processos humanos. A avaliação precisa ser inserida neste processo que busca promover aprendizagem nos alunos e, para tal, a forma de mediação do professor pode ser decisiva para a apropriação das competências.

"É certo que a intervenção do professor não tem como produzir mecânica e automaticamente a aprendizagem do aluno, pois é só o aluno que pode vivenciar a experiência da aprendizagem. É uma vivência profundamente pessoal. Mas para chegar a essa vivência, ele precisa da interação com o mundo cultural, da qual o professor é um mediador imprescindível" (docente da área de ciências humanas).

"Em meio a tantas inovações tecnológicas, o professor continua a ser insubstituível inclusive para preservar a dimensão humana e intersubjetiva da relação pedagógica" (docente da área de ciências da vida).

A este processo diferenciado de ensino se contrapõem as diferenciadas condições de entrada dos estudantes. Como encontrar a justa medida para conceber formas de organização do trabalho pedagógico que deem conta do desafio de formar com qualidade sem que a isto se tenha que agregar processos de avaliação da aprendizagem perversos e excludentes?

Como evitar o sutil processo de rotulação dos estudantes em situação de risco, fruto de defasagens historicamente acumuladas e que ganham condição de acesso ao ensino superior, mas que são abandonados à própria sorte quando se trata de sua permanência no próprio sistema?

Os problemas, presentes em nossos cursos, que afetam os estudantes universitários nos levaram a refletir sobre as consequências da diversidade que os caracteriza, em especial porque esta pode acobertar, de alguma forma, as desigualdades de que são vítimas e que podem ser traduzidas por alguns como signos de inferioridade. Isto incide diretamente nas formas de organização do trabalho pedagógico de que participam e nos processos de avaliação dos resultados deste trabalho construídos no hífen citado por Zabalza.

A permanecer a cultura de avaliação existente, cuja lógica é excludente, comparativa, descontextualizada e que serve para que a função social da escola se mantenha afinada aos interesses do modelo produtivo, qual seja, classificar os estudantes, distribuí-los de acordo com seus méritos individuais e submetê-los a um conjunto de normas e valores em nome da estabilidade social (Freitas, 1995; Bourdieu e Champagne, 2001), estranho seria que a relação dos estudantes universitários com a avaliação se alterasse.

Para que conquistem a certificação, quase sempre associada à mera competência técnica, eles devem, vez por outra, abdicar da competência social, calar suas críticas, subestimar suas formas próprias de construção do conhecimento, silenciar suas formas de pronunciar o mundo.

> Como Pierre Bourdieu não se cansou de observar, o estado de permanente *precarité* — insegurança quanto à posição social, incerteza sobre o futuro da sobrevivência e a opressiva sensação de "não segurar o presente" — gera uma incapacidade de fazer planos e segui-los. Quando a ameaça da mudança unilateral ou do fim dos arranjos correntes por parte daqueles que decidem o meio em que os afazeres da vida devem ser realizados paira perpetuamente sobre as cabeças daqueles que os realizam, as chances de resistência aos movimentos dos detentores do poder, e particularmente de resistência firme, organizada e solidária, são mínimas — virtualmente inexistentes (Bauman, 2003, p. 42).

A busca da aprovação pode induzir boa parte dos estudantes (em especial, aqueles que mais sonham com a ascensão social) a ter que construir estratégias de sobrevivência. Isto contribui enormemente para a distorção da dimensão educativa da avaliação.

Cada um dos estudantes, a seu modo, tende a descobrir meios para sobreviver e, ainda que, intersticialmente, rejeite a regra do jogo, pode aprender a jogar conforme as regras (Hadji, 1994). Movido pelo medo do professor ou pelo desejo de continuar a fazer parte daquilo que o acesso à educação superior parece prometer-lhe, entende ser esta a forma mais confortável de viver a vida universitária. O conflito entre segurança e liberdade se estabelece. Parece inconciliável pretender ter ambos.

> A promoção da segurança sempre requer o sacrifício da liberdade, enquanto esta só pode ser ampliada à custa da segurança. Mas segurança sem liberda-

de equivale à escravidão (e além disso, sem uma injeção de liberdade, acaba por ser afinal um tipo muito inseguro de segurança); e a liberdade sem segurança equivale a estar perdido e abandonado (e no limite, sem uma injeção de segurança, acaba por ser uma liberdade muito pouco livre [...]. Isto torna a vida em comum um conflito sem fim, pois a segurança sacrificada em nome da liberdade tende a ser a segurança dos outros; e a liberdade sacrificada em nome da segurança tende a ser a liberdade dos outros (Bauman, 2003, p. 24).

Refletir sobre as competências desejadas nos egressos de nossos cursos de graduação nos obriga a levar em conta no planejamento de um trabalho pedagógico diferenciado quem é, afinal, o estudante que temos à frente. De onde vem e para onde vai ou pretende ir. E, talvez, consigamos entender o contexto que afeta estes moços... pobres moços mergulhados nas contradições da sociedade globalizada.

"O problema é que o mercado tem interferido no imaginário dos estudantes e professores. Eles têm um vazio emocional, uma pobre vida interior e vivem objetivados em coisas" (docente da área das ciências exatas e tecnológicas).

A escola básica e as instituições universitárias não tem sido considerados espaços atrativos e significativos a crianças e jovens. Tampouco desenvolvido o seu papel formativo postulado historicamente. Ao contrario têm, estes espaços, produzido indisposição às lutas, à reflexão e à aprendizagem do trabalho coletivo. Por conta disso, torna-se urgente um novo olhar sobre os interesses que conduzem o sistema educacional a fim de suscitar um posicionamento crítico sobre a sociedade e sobre esta realidade propriamente dita. Peres Gómes sobre a ação da sociedade nestes casos nos alerta:

[...] as forças sociais não pressionam, nem promovem mudança educativa da instituição escolar porque são outros os projetos e as preocupações prioritárias na vida econômica da sociedade neoliberal e, pelo menos, a escola continua cumprindo bem a função social de classificação e creche sem interessar demasiado o abandono de sua função educativa (2001, p. 11).

De todo modo, não podemos aceitar que as dificuldades e a indisposição à mudança postas pelas forças sociais nos paralisem. Novas questões devem ser colocadas. Assim, se é papel da educação superior "estimular" a criação cultural e o desenvolvimento do espírito científico e do pensamento reflexivo nos alunos, a realidade precária de alunos que chegam aos cursos de graduação é fato significativo e carece de atenção. Então, como lidar com isso? Que tipo de competência há que se aprender para lidar com essa realidade? Encontramos nas DCN, a definição de competência e agir competente como a capacidade de alocar os saberes, como recursos ou insumos, por meio de esquemas mentais adaptados e flexíveis, tais como análises, sínteses, inferências, generalizações, analogias, associações, transferências, entre outros, em ações próprias de um contexto profissional específico, gerando desempenhos eficazes (Brasil. MEC, RCN, 2000).

Considerando-se que a educação é uma atividade investigativa, movida pelo desejo do conhecimento, acreditamos que a primeira aprendizagem básica é conhecer a realidade e, para isso, a habilidade da investigação, do cultivo do pensar torna-se essencial, implicando o domínio das condições de saber observar, perguntar, formular hipóteses, verificar estas hipóteses.

Muito embora o sujeito humano já traga consigo ao nascer estas condições, elas precisam ser potencializadas pelos processos educativos que as sociedades criam. Cada um desses domínios requer um exercício constante. Um aperfeiçoamento que somente se efetiva na prática. Do contrário, a superficialidade e a alienação encontram lugar para se instalarem.

Como diz Hannah Arendt (*apud* Alencar, 2005, p. 99), o ato educativo resume-se em humanizar o ser humano. Se a humanização do homem se dá no processo educacional, estas condições vão encontrando possibilidade de se aperfeiçoar na medida em que são valorizados a curiosidade epistemológica e o estímulo da prática do diálogo. Nelas, o ato de observar se consubstancia na busca pelo que não está aparente. O perguntar se enraíza na formulação de questões ainda não postas e se aprofunda na elaboração de hipóteses e na verificação delas. Num exercício dialético que envolve o simples e o complexo da linguagem nas relações humanas, os sujeitos vão praticando e aperfeiçoando o ato de apresentar razões e avaliar as razões dos próprios pensamentos. Vão aprendendo a ver, a ouvir, a falar com maior segurança e a ter domínio sobre a realidade. Numa frase, vão retomando a habilidade do espanto e do encantamento própria do ser humano.

Além de possibilitar situações reais para que o aluno aprenda a conhecer, uma segunda aprendizagem básica está em compreender a realidade para querer transformá-la. Neste querer, está presente a dimensão política do ser humano, o que aumenta ainda mais a responsabilidade da educação superior. Por conta disso, a habilidade de raciocínio apresenta-se como uma aprendizagem fundamental a ser incluída e praticada nos programas de ensino para que se efetivem, no sujeito gnosiológico, as possibilidades de construção do pensamento lógico, organizado, coeso e coerente.

As condições para que se desenvolva tal habilidade são: saber relacionar adequadamente as ideias entre si, considerando as questões de igualdade, de diferença, semelhança, grau, gênero, de oposição e de qualidade; saber tirar conclusões, por exemplo, inferir e produzir um pensamento adequado e mais próximo à realidade apresentada; saber argumentar, comprovar seu pensamento, atribuir boas razões para as próprias conclusões; saber identificar ideias implícitas, pressupostas em afirmações que se ouvem ou que se encontram escritas, impressas. Esta prática requer constância, uso real de situações que envolvem a vida e o seu cotidiano. Por outras palavras, o sujeito não transforma a realidade sem conhecê-la e tampouco se não tiver a chance de compreendê-la.

Nos atos de conhecer a realidade e agir sobre ela, a linguagem humana encontra espaço para a própria superação e outras habilidades de aprendizagem são acionadas, a habilidade da formação de conceitos e a habilidade da tradução. Por conseguinte, a formação de conceitos torna-se importante no processo ensino-aprendizagem, pois é necessário que o sujeito desenvolva a capacidade de compreender os acontecimentos, fatos, coisas e situações que são, normalmente, expressos em palavras, frases, textos. Para o aprimoramento desta habilidade é necessário que o sujeito seja capaz de explicar com clareza, definir o objeto tratado e de sintetizar, juntando as partes com objetividade para a reconstrução do significado. Uma aprendizagem complexa e exigente de leituras, de ação sobre o mundo e de acompanhamento, seja por parte dos sujeitos que aprendem, dos sujeitos que ensinam e das instituições, é o mínimo que se exige para uma formação que se autodenomina transformadora da realidade social.

As habilidades apresentadas até o momento são fundamentais para os sujeitos em qualquer modalidade de ensino. Contudo, a habilidade de tradução representa, a nosso ver, o grau maior de maturidade das condições cognitivas do homem, pois requer dele a capacidade de dizer, com as próprias palavras, o que os outros disseram ou escreveram com fidelidade, com respeito e, principalmente, com a permissão histórica de reconstruir o conhecimento sobre o conhecimento produzido. Uma ação cognitiva difícil, porém muito importante no processo de desenvolvimento do pensamento humano, que envolve as habilidades de parafrasear; perceber implicações e suposições; prestar atenção ao que é dito ou no que está escrito, dentre outras.

A aprendizagem da habilidade de tradução, assim como as outras apresentadas, têm ficado à margem do processo de formação educacional e profissional porque, como temos visto historicamente, não é interessante que se formem pessoas críticas, tampouco, autônomas. Sobre isso, Berger e Luckman (1967, p. 79) afirmam:

> As instituições, pelo mero fato de sua existência, controlam a conduta humana ao estabelecer padrões de conduta que controlam e orientam o comportamento individual, num sentido contrário a múltiplos outros teoricamente possíveis. As instituições refletem e, até certo ponto, mediatizam os valores e as relações sociais de uma sociedade determinada.

Este fato nos remete a repensar os desafios implicados em uma educação superior de qualidade e que envolve o tripé ensino, pesquisa e extensão. Se levados a sério, não podem fugir ao compromisso de auxiliar esses moços e moças que investem no presente e apostam suas vidas no futuro, vislumbrando um fazer profissional competente. Tão competente que não esvaído de relevância social.

De volta ao começo, a interrogação nos acompanha. Como tornar a mediação docente competente capaz de ser tradutora destes objetivos nas microdecisões que ocorrem nos diferentes cenários da aprendizagem?

Diante de tantos dados oficiais reveladores da incompetência do Estado para fazer acontecer um projeto educativo de qualidade, cabe indagar que espaços devem ser apropriados pelos docentes e demais partícipes de um projeto político-pedagógico para que, contraditoriamente, possam interferir numa imagem de futuro qualitativamente diferenciada que devolva a estes moços, pobres moços, alguma possibilidade de ação transformadora.

Ainda somos os mesmos e vivemos como os nossos pais?

Ao pretendermos fazer emergir uma pedagogia universitária capaz de formar cidadãos competentes, importa levar em conta os desafios que nos espreitam para superarmos nossas próprias incompetências ligadas ao ato de ensinar. Mudar a forma de organização do trabalho pedagógico parece condição imprescindível. Isso requer algum exercício em campo no qual o docente universitário tem escassez de repertório, o que gera insegurança pelos conflitos epistemológicos subjacentes.

Um outro entendimento de docência produtiva precisa emergir mesmo em tempos que parecem curvar-se apenas a medidas de produtividade da docência, por mais socialmente improdutiva que esta possa ser. O par dialético competência técnica/incompetência social novamente encontra abrigo e reclama por posicionamento.

A reflexão sobre o trabalho pedagógico e suas consequências implica uma outra forma de gestão do tempo do professor que inclua um tempo de construção da nova docência condizente com o projeto que se quer ver emergir (o AINDA-NÃO já referido),

> O caráter objetivo do trabalho do professor se organizará no *chronos* mas o caráter subjetivo e singular do seu trabalho dependerá, sem dúvida, da sua vivência do *kairos*. A qualidade da criação presente na docência, que será uma das medidas da competência dos professores, dependerá de uma vivência rica do *chronos*, que terá o seu significado no acontecimento do *kairos*. [...] O tempo de construção é um tempo de tecelagem da formação dos

professores e de sua práxis. Não se trata de uma tarefa individual e solitária e sim individual e coletiva (Ponce, 2004, p. 113).

Cunha (2005) adverte-nos de que o professor universitário perdeu controle sobre os meios de produção de seu trabalho. Escravo da burocracia imposta pelas políticas de avaliação externas que recaem sobre seu trabalho e submetido a um excesso de demandas complementares que lhe tomam todo o tempo livre, o docente vê esvaziar-se a essência do seu papel educativo e formador. O tempo necessário à criação e a reinvenção pode ser usurpado pelo controle central e burocrático que os gestores universitários tratam de garantir de modo a atender, por vezes sumariamente, às demandas do sistema de avaliação externa. Parece que alguns docentes, ao assumirem cargos de gestão universitária, esquecem-se inclusive de que também ampliam, contraditoriamente, sua margem de interferência nos rumos do ensino, da pesquisa e da extensão que querem consolidar. Tendem a rapidamente assimilar o discurso da impossibilidade política, assumindo o social conformismo citado por Santos (2005), que pode acobertar uma certa forma de incompetência técnica para produzir alternativas contra-hegemônicas no campo da pedagogia universitária.

Este cenário pode levar ao perigo de discursos transformadores que não se materializam em práticas pedagógicas diferenciadas. Sem uma reflexão rigorosa sobre as decisões que tomamos na organização das experiências educativas que planejamos para dar conta dos objetivos da formação que professamos, podemos nos contentar com a mera adjetivação de nossas práticas (rotuladas como inovadoras), sem que a elas nada substantivamente novo se incorpore. Podemos praticar a reprodução sem culpa. E assim sermos considerados "modernos" e paradoxalmente continuarmos sendo os mesmos e vivendo como nossos pais.

Este destaque nos parece significativo, pois muito da transformação da base qualitativa da formação universitária depende da postura docente junto aos estudantes na elaboração do contrato pedagógico que norteará a ambos na vivência da tarefa educativa. Neste cenário, deve ser visível um trabalho pedagógico regido por lógica que combine, responsavelmente, as competências técnica-ética e políticas, fazendo emergir um novo campo de possibilidades de formação cidadã.

O sinal está fechado para nós? A dialética das (im)possibilidades da formação universitária competente em tempos de incompetências sociais

Parece consensual que o campo da educação é essencialmente político e avesso à neutralidade. Tomar partido é, pois, imperativo. Logo, o sinal está aberto para nossa ação. Podemos e devemos optar, embora seja importante sermos sabedores das contradições que atravessam a pedagogia universitária e que limitam proposições que a tomem ora como redentora de todos os problemas sociais, ora a vejam e a pratiquem de maneira reducionista como mera instrumentalização técnica para o trabalho. Nesta hora, a pronúncia de um SIM contra-hegemônico, porém não ingênuo, é imprescindível.

A indissociabilidade das dimensões técnica-ética e política das competências merece nossa vigilância na proposição de nossas ações pedagógicas. A isso precisamos atentar mais do que nos consumir na denúncia do perigo do discurso das competências. Recriar alternativas pedagógicas potentes para formar nesta perspectiva revelará nossa dupla competência: profissional e política.

Formar profissionais socialmente competentes inclui compromisso com profissionais que sejam competentes tecnicamente também. Não são aspectos dicotômicos. Assim, também o professor universitário precisa reunir simultaneamente estas competências para extrair delas a potência requerida para intervir proativamente na formação dos profissionais que passam por nossas IES.

Se reconhecemos a fluidez do discurso das competências e os distintos usos que podemos dele fazer, transitaremos com mais conforto no campo da pedagogia universitária que precisamos construir. Livres das pressões que sofremos, seja para incorporar este vocábulo nos planos das disciplinas ainda que em nada isso garanta alteração da forma de organização de nosso trabalho pedagógico, seja para nos impedir de pronunciá-lo como se assim ficássemos imunizados dos efeitos deletérios de uma pedagogia universitária acrítica, talvez renascesse nosso compromisso de reflexão sobre o trabalho que desenvolvemos em campo tão socialmente relevante. Trabalho que requer clareza de que a educação superior brasileira, ainda privilégio de alguns, não pode curvar-se cegamente aos interesses mercadológicos. Contraditoriamente, não pode furtar-se também de sua tarefa de qualificação técnica para o mundo do trabalho. Dialeticamente estas interfaces se imbricarão, produzindo novos sentidos.

Se o mercado sinaliza que deseja, em seus quadros, profissionais tecnicamente competentes, o que poderia nos levar a crer que a sociedade também não os queira competentes nesta dimensão? Seria temerário ensejar que os estudantes compreendam a educação superior nesta perspectiva binária. O docente universitário deve desenvolver sua maestria no trabalho de tradução dos vieses que o discurso mercadológico pode acobertar induzindo os estudantes a aceitarem (desejarem) um ensino de graduação que não deve ser alçado à condição de educação superior se não agregar outras responsabilidades.

Competências sociais desenvolvidas nos cenários de aprendizagens de nossos cursos de graduação, à semelhança da competência técnica, precisam sustentar-se no choque com a realidade.

Não cremos nem defendemos profissionais competentes socialmente que padeçam de incompetência técnica. Se assim os concebêssemos, estaríamos deslegitimando o discurso de compromisso social presente nos projetos pedagógicos dos cursos em que atuamos.

Em tempos de incompetências sociais, os docentes universitários podem fazer muita diferença, se competentes forem para organizarem um trabalho pedagógico que forme sujeitos capazes de ler o mundo, refletir sobre ele, nele intervir e, tanto quanto possível, tornarem-no inteligível para aqueles cujo acesso à educação superior parece tão distante. Se também para isso o discurso das competências puder servir, qual seja, desafiar nossa capacidade de sequestrá-lo dos interesses imediatistas do mercado, tirar-nos de nossa acomodação frente ao ensino de graduação que insistimos em reproduzir, então nada temos a temer. Basta pronunciarmos o NÃO e simultaneamente produzirmos nosso SIM alternativo, única maneira de verdadeiramente vivermos um projeto educativo emancipatório.

Referências bibliográficas

ALENCAR, Chico. Educar é humanizar. In: GENTILI, P.; ALENCAR, C. *Educar na esperança em tempos de desencanto*. 5. ed. Petrópolis: Vozes, 2005.

BAUMAN, Zygmund. *Modernidade líquida*. Rio de Janeiro: Jorge Zahar, 2001.

_____. *Comunidade*: a busca por segurança no mundo atual. Rio de Janeiro: Jorge Zahar, 2003.

BERGER, P. L.; LUCKMAN, T. *A construção social da realidade*. Petrópolis: Vozes, 1967.

BONDIOLI, Anna (Org.). *O projeto pedagógico da creche e a sua avaliação. A qualidade negociada*. Campinas: Autores Associados, 2004.

BOURDIEU, Pierre; CHAMPAGNE, P. Os excluídos do interior. In: NOGUEIRA, M. A.; CATANI, A. (Org.). *Escritos da educação*. 3. ed. Petrópolis: Vozes, 2001.

BRASIL. LDB 9.394/96. *Lei de Diretrizes e Bases da Educação Nacional*. Brasília, 1997.

_____. MEC. *Referenciais Curriculares Nacionais da educação Básica*, 2000.

_____. CNE/CEB. Resolução n. 4/99, art. 6°, 1999.

CALVINO, Italo. *Le città invisibili*. Lisboa: Teorema, 1993.

CUNHA, Maria Isabel da (org.). *Formatos avaliativos e concepções de docência*. Campinas: Autores Associados, 2005.

DEL PRETTE, Z. A. P.; DEL PRETTE, A. *Psicologia das habilidades sociais*: terapia e educação. Rio de Janeiro: Vozes, 1999.

FREITAS, Luiz C. *Crítica da organização do trabalho pedagógico e da didática*. Campinas: Papirus, 1995.

HADJI, Charles. *A avaliação, regras do jogo. Das intenções aos instrumentos*. Porto: Porto Editora, 1994.

HARGREAVES, A. A vueltas con la voz. *Kikiriki Cooperación Educativa*, n. 42-43, p. 28-34, 1996.

GRAMSCI Antonio. *Concepção dialética da história*. Rio de Janeiro: Civilização Brasileira, 1995.

LEITE, Denise. *Reformas universitárias*. Avaliação institucional participativa. Petrópolis: Vozes, 2005.

PÉREZ GÓMES, A. I. *A cultura escolar na sociedade neoliberal*. Porto Alegre: Artmed, 2001.

PERRENOUD, P.; PAQUAY, L.; ALTED, M.; CHARLIER, E. (Org.). *Formando professores profissionais. Quais estratégias? Quais competências?* 2. ed. Porto Alegre: Artmed, 2001.

PIMENTA, Selma. G.; ANASTASIOU, Lea G. C. *Docência no ensino superior*. São Paulo: Cortez, 2002. v. 1.

PONCE, Branca J. O tempo na construção da docência In: ROMANOWSKI, J.; MARTINS, P.; JUNQUEIRA, S. (Org.). *Conhecimento local e conhecimento universal*: pesquisa, didática e ação docente. Curitiba: Champagnat, 2004. v. 1.

RIOS, Terezinha A. *Compreender e ensinar*: por uma docência de melhor qualidade. São Paulo: Cortez, 2002.

_____. *Ética e competência*. São Paulo: Cortez, 2004.

SACRISTÁN, Gimeno, J. *Docencia y cultura escolar*. Reformas y modelo educativo. Buenos Aires: Lugar Editorial, 1997.

_____ (Comp.). PERES GOMES, J. B.; MARTÍNEZ, J.; TORRES, F.; ANGULO, Y.; ÁLVAREZ, J. M. *Educar por competências, lo que hay de nuevo?* Madrid: Ed. Morata, 2008.

SANTOS, Boaventura S. *A universidade no século XXI. Para uma reforma democrática e emancipatória da universidade*. São Paulo: Cortez, 2004.

_____. *A crítica da razão indolente. Contra o desperdício da experiência*. São Paulo: Cortez, 2005. v. 1.

_____. *A gramática do tempo. Para uma nova cultura política*. São Paulo: Cortez, 2006.

SANTOS, Milton. *O país distorcido*. São Paulo: Publifolha, 2001.

_____. *Por uma outra globalização*: do pensamento único à consciência universal. 10. ed. Rio de Janeiro: Record, 2003.

SILVA, Marileia, M. *Formar para o mercado de trabalho*: a retórica da competência e da competitividade nos cursos de graduação. São Paulo: Senac. 2008.

SORDI, Mara R. L. Avaliação universitária: mecanismo de controle, de competição e exclusão ou caminho para a construção da autonomia, da cooperação e da inclusão? In: VEIGA, I. P. A.; NAVES, M. L. P. (Org.). *Currículo e avaliação na educação superior*. Araraquara: Junqueira & Marin, 2005.

SORDI, Mara R. L. Relatório técnico de pesquisa. PUC-Campinas, 2006a.

_____. Avaliação institucional participativa: contradições emergentes a partir do exame da categoria espaço/tempo. *Avaliação RAIES*, Campinas. v. 11, n. 4, dez. 2006b.

VASCONCELLOS, M. M. M. *Desafios da formação do docente universitário*. Tese (Doutorado) — Faculdade de Educação Unicamp, Campinas, 2005.

VEIGA, Ilma; CASTANHO, Maria Eugênia (Orgs.). *Pedagogia universitária*: a aula em foco. Campinas: Papirus, 2002.

ZABALZA, Miguel A. *O ensino universitário, seu cenário e seus protagonistas*. Porto Alegre: Artmed, 2004.

CINCO TESES EQUIVOCADAS SOBRE AS COMPETÊNCIAS PARA ENSINAR

Newton César Balzan

> *Qual a função da educação? Preparar mão de obra, treinar profissionais, selecionar para postos de trabalho, servir o mercado, emancipar, formar cidadãos livres? [...] Umas funções priorizam os processos e a formação humana. Outras valorizam principalmente as exigências pragmáticas da vida econômica, a formação profissional e os produtos. Umas concedem primazia à emancipação, outras estão dotadas de uma racionalidade instrumental.*
>
> José Dias Sobrinho (2002, p. 45)

Introdução

Há mais de meio século, o American Council on Education concluía que o *professor universitário é o único profissional de nível superior do qual não se exige nenhum pré-requisito em termos de capacitação para o exercício das respectivas funções* (Blegen e Cooper, 1950, p. 123). O docente de ensino superior era apontado como um profissional que, embora muitas vezes competente em termos de conhecimentos específicos, revelava-se frágil quando se defrontava com estudantes em salas de aulas e outras situações que envolviam o ensino e a aprendizagem.

De lá para cá a situação não parece ter se alterado para melhor, talvez tenha, até mesmo, piorado.

Professores se queixam do fato de seus alunos virem para a Universidade cada vez mais despreparados, sem cultura geral mínima e pouco motivados para as situações de ensino e aprendizagem. Os estudantes, por outro lado, expressam descontentamento em relação à maneira como os conhecimentos lhes são proporcionados — desintegrados, distantes da realidade sociocultural, fragmentados etc. Não poupam críticas aos docentes, que lhes parecem desatualizados, quer em termos de conhecimentos específicos, quer em termos didático-pedagógicos. As mudanças socioculturais, abrangendo todos os campos do conhecimento, continuam ocorrendo numa velocidade nunca antes imaginada pelo homem, mas a arquitetura das salas de aulas continua praticamente a mesma como se estivéssemos ainda na primeira metade do século passado. Os professores, frequentemente capazes de dominar seus próprios campos de conhecimentos, parecem distantes da realidade local: seus alunos (Quem são eles? De onde vêm? O que buscam?); a própria instituição em que atuam, a cidade e a região em que lecionam e pesquisam; e também distantes daquilo que se passa no mundo da ciência, da economia, da tecnologia e das artes. Se lhes falta visão local, falta-lhes, ao mesmo tempo, uma visão cosmopolita, universal. Some-se a isto o fato de o rápido processo de mudança sociocultural que vem se registrando a partir de meados do século XX impor sempre novos desafios aos professores solicitando-lhes constante aprimoramento em termos de conhecimentos específicos e adaptação às novas maneiras de se relacionar com os estudantes, quer em termos pessoais, quer em termos de conteúdos de suas disciplinas.

O momento atual se caracteriza pela insegurança de professores e gestores que procuram *saídas urgentes* para os impasses e desafios com os quais se veem envolvidos.

Embora o panorama geral se apresente bastante complexo, surgem soluções que se apresentam como salvadoras e prontas para serem aplicadas. Acenam com resultados promissores e rápidos. Dispensam reflexões em profundidade sobre a educação neste início de século e principalmente sobre sua inserção no contexto sociocultural nacional e global contemporâneos, do qual, queiramos ou não, ela é parte integrante.

Dentre as mais recentes propostas para enfrentar e resolver os presentes desafios, destacam-se as chamadas *competências para ensinar*. Prometendo soluções para quem não tem outra alternativa senão continuar incidindo nos mesmos erros registrados há longo tempo, são adotadas sem criticidade e como as únicas saídas possíveis. Exemplo: a recente adoção das *competências* aplicadas para fins de avaliação do período de internato nos cursos médicos.

A finalidade deste trabalho é trazer um pouco mais de luz sobre esta tendência que tende a cativar um grande número de professores, principalmente universitários, explicitando suas contradições, alcance e limites.

Trata-se de uma atualização e ampliação de texto anterior, apresentado no XVII Colóquio da ADMEE (Balzan, 2004), realizado em Lisboa em novembro de 2004.

Embora o texto esteja voltado à educação superior, ele se aplica, também, aos demais níveis, principalmente ao médio. Redijo-o a partir de contra-argumentações a equívocos constatados em relação às chamadas *competências para ensinar*, tanto em sua interpretação como em sua aplicação. Denomino-os *teses equivocadas* e convido o(a) leitor(a) a refletir comigo sobre elas.

Cinco teses equivocadas

1ª) As competências para ensinar *têm origens na pós-modernidade*

Não. Suas origens não são recentes e os problemas que as suscitaram têm mais de um século de existência.

Suas raízes remontam à Rússia Czarista com os estudos e propostas de Victor Della-Vos, elaboradas na segunda metade do século XIX na qualidade de Diretor Administrativo da Escola Técnica Imperial de Moscou, [...] *que para adequá-la às suas novas funções, ao invés de imitar a estrutura das escolas politécnicas dos países mais desenvolvidos, submete-as a uma crítica severa e elabora uma sistemática de ensino para formação do técnico em todos os níveis — do artífice ao engenheiro* (Bryan, 1992, p. 260). O plano traçado por ele visava *à formação do aprendiz segundo uma "experiência racional do trabalho manual prático", de acordo com quatro diretrizes: 1) a aprendizagem deve se processar no menor tempo possível; 2) facilitar a supervisão do desenvolvimento gradual dos alunos; 3) fornecer ao estudo dos trabalhos práticos o caráter de uma profunda e sistemática aquisição do conhecimento; 4) possibilitar a demonstração do progresso de cada aluno a qualquer momento* (Idem, ibidem, p. 265).

Seu trabalho, considerado como revolucionário na formação profissional, ultrapassa o Império Russo, atingindo vários países a partir de feiras mundiais: Exposição de Viena, em 1876, Exposição do Centenário de Filadélfia, em 1878, que recebeu 10 milhões de visitantes, Exposição de Paris, em 1893, dentre outras. De Filadélfia à organização científica do trabalho, sistematizada por Frederick Winslow Taylor, é apenas um passo. *O discurso administrativo imbrica-se com o pedagógico: a legitimação de seu novo modelo organizacional baseado na disciplina objetiva é buscada na ciência do engenheiro e na prática consagrada socialmente do professor* (Idem, ibidem, p. 356-357). O modelo concebido por Taylor — que destaca a objetividade e a cientificidade, daí sua pretensa neutralidade —, é recebido na Rússia pós-revolução de 1917 como emblema da racionalidade técnica que havia feito a grandeza do país considerado como sinônimo da modernidade por Lênin, Bukharin e outros líderes bolchevistas — os Estados Unidos.

Esse sistema (Taylor) *foi construído centrado na ideia de "tarefa": ou seja, no princípio de que todo trabalho deveria ser cuidadosamente planejado com antecedência por um corpo técnico segundo o critério da eficiência econômica. Dando estatuto de cientificidade à eficiência econômica, a tarefa é, para Taylor, a emanação da razão e, enquanto tal, ocupa lugar acima de qualquer disputa política* (Idem, ibidem, p. 501). É interessante notar que Taylor foi buscar nas práticas escolares seu plano de decompor o trabalho em unidades discretas para aplicar aos engenheiros de produção na forma de tarefa. Dados os meios científicos como eram apresentados seus métodos administrativos, estes eram considerados como politicamente neutros.

A rígida programação de jornada de trabalho, eliminando seus "poros" ao máximo, preconizada por Taylor, visa não só ao aumento da exploração da força de trabalho mas também constitui um poderoso artifício para impedir que os trabalhadores produzam autonomamente, um saber que possam utilizar como meio de defesa contra investidas da direção (Idem, ibidem, p. 385).

Mudanças ocorreram e o paradigma gerado por Taylor sofreu críticas e alterações ao longo do século XX. No entanto, no atual momento, com o neoliberalismo ocupando lugar privilegiado, o modelo engendrado por Taylor continua presente através de modismos "revolucionários": *da qualidade total à reengenharia de processos; da empresa voltada para o cliente aos times multifuncionais; da gestão por competência à universidade corporativa* (Silva e Balzan, 2007, p. 48).

Se o retrato do trabalhador tão bem apresentado por Charles Chaplin em *Tempos Modernos* não se aplica ao momento atual, uma vez que a *esteira transportadora* criada por Henry Ford para que todo o conjunto de trabalhadores efetuasse suas tarefas de modo mais rápido possível foi superada logo depois do primeiro quartel do século XX, *a história do trabalho, no último século, revela o taylorismo multifacetário [...] concretizado pela produção e reprodução das atividades produtivas, embora travestido e incorporado aos modismos da gestão do trabalho, embelezado como algo novo e arrojado em termos de administração, voltado a uma sociedade em processo de constantes mudanças. Estas ocorrem porque o modo de produção capitalista neoliberal concebe a necessidade de transformações nas condições técnicas e sociais do processo de trabalho, transformações que obedecem aos objetivos da redução dos custos na produção de mercadorias* (Silva, 2005, p. 47).

A passagem de Taylor a Skinner já é bastante conhecida, assim como as propostas de Tyler nos anos 1930 e do ensino por objetivos, elaborada por Bloom na metade dos anos cinquenta do século passado.

Nos anos 1970 ganham espaço dezenas de propostas que constituem desdobramentos das ideias originais de Skinner e Bloom, como as de Mager (1976), Popham e Baker (1976) e Wheeler e Fox (1973), sempre direcionadas ao suposto sucesso das situações de ensino e aprendizagem, partindo de uma crença ingênua de que é possível controlar um número infinito de possibilidades com as quais professores e alunos se defrontam nas atividades do dia a dia, desde que se trace com clareza os objetivos específicos ou instrucionais.

As competências para ensinar constituem uma nova versão dessas ideias que ganharam lugar de destaque na década de 1970 e início da década seguinte. Ambas são tributárias das inovações ocorridas nas últimas quatro décadas do século XIX e princípios do século XX. Estavam direcionadas, em suas origens, à formação de técnicos e, pouco mais tarde, ao êxito na formação de engenheiros. São assimiladas pela Administração e, em seguida, acolhidas com entusiasmo pela área educacional.

2ª) A realização efetiva de cada uma das competências estabelecidas para um determinado curso garante a formação de um bom profissional

Em primeiro lugar é praticamente impossível o fato de um professor ser capaz de trabalhar, efetivamente, com um número geralmente bastante elevado de *competências* definidas para uma determinada disciplina.

Pode-se estabelecer um paralelo entre tal impossibilidade e a "febre" dos objetivos comportamentais que tão bem caracterizou a educação brasileira nos anos 1970 e início da década seguinte, conforme já apontado no tópico anterior.

Para Eisner (1967, *apud* Goldberg, 1975, p. 57), *um professor, ao trabalhar com sete unidades de conteúdo numa classe subdividida em três grupos de habilidades, teria que lidar com 4.200 objetivos comportamentais durante um ano escolar [...] se o professor tiver que redigir um número tão elevado de objetivos, considerando-se que para cada um deles deveriam constar todas as especificações necessárias, é de se supor que a maior parte de sua energia seria canalizada para esta tarefa, sobrando-lhe, consequentemente, pouco tempo para ensinar.*

Da mesma forma, não parece ser possível que um grupo de docentes possa avaliar conjuntamente suas atividades — como é necessário proceder — a partir de um número extremamente elevado de *competências* a serem atingidas ao longo de um semestre ou ano letivo.

Suponhamos, porém, que seja possível atingir todas as *competências* elencadas para um determinado curso. Pergunto: O que resultaria disso? Um profissional, sim, mas de que qualidade? Estamos, na verdade, diante de um aparente paradoxo: a totalidade é maior que a soma das partes. Ou, em outros termos: as qualidades que definem um bom profissional são maiores do que a soma das competências definidas detalhadamente para a formação desse mesmo profissional.

Gostaria de destacar, a título de exemplo, algumas respostas de professores-pesquisadores conhecidos nacional e mesmo internacionalmente, à seguinte pergunta que lhes foi encaminhada como parte de um projeto de pesquisa desenvolvido pelos docentes do Programa de Pós-Graduação em Educação da PUC-Campinas:[1]

Considerando-se as grandes mudanças que têm lugar no mundo e no momento atual, quais seriam as qualidades básicas, indispensáveis, que deveriam estar presentes no perfil do profissional formado no seu curso ou área?

Vejamos algumas das respostas dentre 58 de diferentes cursos e áreas de conhecimento.

Existe todo um movimento mundial para a mudança do perfil dos médicos formados. Seja pela necessidade de um profissional capaz de se manter atualizado (principal motivo das mudanças curriculares que ocorrem nos Estados Unidos) ou pela necessidade de um profissional mais humanizado, consciente de seu papel na transformação e manutenção do SUS (como no caso do Brasil), ocorre um esforço muito grande por parte das escolas e da sociedade organizada, visando à adaptação desse profissional às necessidades atuais, tanto quanto de maior consciência de cidadania, de maior respeito ao consumidor e tantas mudanças sociais nesses novos tempos (Médico — Docente de Curso de Medicina).

A principal qualidade de um jornalista, a meu ver, é o apreço pela informação e a crença de que fazê-la circular de modo amplo é altamente relevante para a vida em sociedade. Isso exige espírito público do candidato, o desejo de trabalhar em prol dos outros, da comunidade, antes de si mesmo. Exige uma postura ética, portanto. E requer atributos como a curiosidade aguçada sobre todos os assuntos,

---

1. O Projeto — *A questão da qualidade do ensino superior numa sociedade em processo de mudança acelerada — revisão crítica, propostas para seu desenvolvimento* — foi realizado pelo corpo docente do Programa de Mestrado em Educação da PUC-Campinas, ao longo do período 1998-2004. Seus resultados foram publicados nos números 12 (junho de 2002), 14 (junho de 2003) e 19 (novembro de 2005), da *Revista Educação*, PUC-Campinas.

a capacidade de fazer análises e correlações entre fatos díspares, o distanciamento crítico e a isenção de espírito permanentes, a capacidade de expressão nas mais variadas linguagens, entre outros que poderiam ser citados (Jornalista — Docente de Curso de Jornalismo).

[...] trabalho na interface da Filosofia e da Educação, uma vez que minhas disciplinas situam-se sempre no campo da Filosofia da Educação. [...] Entendo que as mudanças pelas quais passa o mundo no momento atual só reforçam a exigência de uma grande qualificação técnico-científica, intensa sensibilidade ética e sólida consciência política. Estou me referindo à exigência que um profissional do campo da educação precisa de uma muito consistente formação em termos de conhecimentos científicos e técnicos, nas ciências básicas, nas ciência da educação e no campo técnico-didático; precisa ser profundamente sensível às referências axiológicas de modo geral, mas particularmente às referências éticas, uma vez que ele é o profissional que lida com pessoas humanas, cuja dignidade precisa sempre ser respeitada, nunca agredida; igualmente dispor de uma amadurecida sensibilidade estética, dimensão imprescindível para a realização do ser humano, dele professor e de seus alunos; e, também, compreender-se como integrante de uma sociedade histórica, inserido num complexo tecido de relações sociais, onde predomina o poder, sempre correndo o risco de desandar para a dominação, para a opressão. Entendo que essa complexa formação supõe o desenvolvimento da capacidade da reflexão filosófica, para articular e unificar a significação de sua atuação profissional e de sua própria existência (Filósofo — Docente Universitário).

Minha visão sobre as qualidades básicas que devem compor o perfil de um profissional formado em minha área e curso:

a) Aprender a aprender, para ter independência acadêmica e pesquisar as inovações que se sucederão dinamicamente.

b) Ser empreendedor, já que não haverá mais postos de trabalho convencionais e sim mercados abertos à iniciativa.

c) Dominar línguas e tecnologias da informação uma vez que a internet e outros meios serão a cada dia mais usados, os relacionamentos se darão em mercados fora do país e as inovações serão acessadas "on line", através de tecnologias mediadas por computador, em todas as áreas.

d) Ser competente tecnicamente e sensível à realidade social, voltado à transformação dessa realidade, através de ações que se relacionem ou complementem sua formação profissional.

e) Que se decida ser um estudante vitalício, disposto a acompanhar as mudanças em sua área de trabalho, seja no viés técnico, seja na forma de comunicação.

f) Abrir-se ao trabalho inter-trans-multidisciplinar, para trabalhar em equipe, analisando assuntos afins à sua área e conexos ou complementares, para ser útil à solução de problemas a cada dia mais complexos (Engenheiro — Professor de Engenharia — Administrador).

A "falas" anteriores dispensam maiores comentários. Apenas pergunto: É possível acreditar que a ética, o compromisso com a sociedade, tornar-se um estudante permanente, preparar um profissional para um futuro que embora nos seja desconhecido exigirá sempre formação humanística, possam se constituir como metas a serem atingidas a partir de um rol de *competências específicas*? A resposta só será afirmativa se ignorarmos a complexidade que caracteriza não apenas a sociedade atual mas o próprio ser humano em formação, um ser difuso por excelência.

As conotações que envolvem a prioridade dada à especificação de competências são bem mais sérias do que pode parecer à primeira vista, uma vez que *a ela está associada a ideia de esvaziamento do termo educação e sua eventual (?) substituição pelo termo instrução. Deixa-se de lado a discussão dos objetivos mais amplos, perdendo-se de vista a relação entre os fins da educação e a realidade sociocultural em que ela está inserida. E assim, a educação do próprio professor vai sendo substituída pelo seu adestramento* (Balzan, 1989, p. 271).

3ª) As competências para ensinar se aplicam a quaisquer projetos político-pedagógicos

Se por um lado as *competências* podem constituir um referencial para aqueles que se dispõem a atuar como docentes em quaisquer dos níveis de escolaridade, elas não são suficientes. Se as 28 habilidades de ensino que caracterizam o chamado *bom professor universitário* descritas por Cunha

(1989), assim como as dimensões da competência apresentadas por Rios (2002) e as dez novas competências para ensinar elencadas por Perrenoud (2000), podem contribuir para uma melhoria substancial no trabalho do dia a dia do professor, elas podem representar um grande estorvo se não forem entendidas nas suas verdadeiras dimensões, isto é, se forem simplesmente *passadas* pelos professores aos estudantes sem um exercício de reflexão e de aplicação a diferentes situações de ensino e aprendizagem. Além de o simples conhecimento delas não ser suficiente para um trabalho docente de melhor qualidade, sua utilização à crítica pode levar a planos de cursos e, consequentemente, a procedimentos didáticos segundo uma visão mecanicista, positivista e funcionalista do fenômeno educacional. É preciso perguntar a quem servem as competências para ensinar, onde elas serão aplicadas, em que pressupostos filosóficos, antropológicos e sociais se apoiam as Instituições onde atuarão os profissionais competentes. Há, portanto, questões de base que exigem respostas para que se possa falar em competências e pessoas competentes.

Não se trata de menosprezar as contribuições desses e de outros autores, mas de ter presente os contextos em que eles fizeram suas reflexões e escreveram suas obras e, principalmente, o contexto no qual se pretende aplicar as competências para ensinar. O grande risco para uma pedagogia acrítica e mecanicista a partir das *competências para ensinar* consiste em aplicá-las ignorando-se, inclusive, aquilo que os autores mais comumente citados sobre este tema têm explicitado de maneira bastante clara: *Traduzir o programa em objetivos de aprendizagem e estes em situações e atividades realizáveis não é uma atividade linear, que permite honrar cada objetivo separadamente. Os saberes e o "savoir-faire" de alto nível são construídos em situações múltiplas, complexas, cada uma delas dizendo respeito a vários objetivos, por vezes em várias disciplinas* (Perrenoud, 2000, p. 27). [...] *há um caráter poético na técnica, na prática profissional. Ao mencionarmos uma "arte" do docente, revelada em sua competência, apontamos aí a presença de uma dimensão poética, que requer a imaginação criadora, cuja marca fundamental é a sensibilidade associada à razão* [...]. *É preciso que a técnica seja fertilizada pela determinação autônoma e consciente dos objetivos e finalidades, pelo compromisso com as necessidades concretas do coletivo e pela presença da sensibilidade, da criatividade* (Rios, 2002, p. 95-96).

As competências para ensinar poderão ter utilidade quando forem empregadas com muita parcimônia a partir de um determinado Projeto Político-Pedagógico, com objetivos gerais e de longo alcance claramente explicitados, embasados em pressupostos filosóficos, sociológicos e políticos, de cuja definição participem a direção e o corpo docente da instituição, assim como os coordenadores e professores de cada um dos cursos oferecidos por ela.

É a ideia de *projeto*, entendido como um conjunto de princípios orientadores do planejamento pedagógico e, como decorrência, do dia a dia do professor (Távora, 2001), que garante a adesão de toda a comunidade acadêmica ao conjunto de atividades que envolvem do trabalho em sala de aula à avaliação da aprendizagem, das reuniões em que se discute os resultados de uma determinada unidade desenvolvida de forma integrada às reuniões em que o próprio Projeto é avaliado e reavaliado.

4ª) As competências aplicadas à Educação Formal têm o mesmo sentido de competências aplicadas às Universidades Corporativas

As questões relativas à educação superior ocorrem num momento em que as próprias instituições se encontram em crise frente a um mundo globalizado, onde tudo ocorre com uma rapidez nunca antes imaginada, *a história substituída pelo efêmero, pela imagem do instante, pelo lugar fugitivo. Tudo se dissolve no momento presente, imediatamente superado pela outra imagem, colagem, bricolagem, mensagem (ocorrendo) a substituição da experiência pela aparência, do fato pelo simulacro, do real pelo virtual, da palavra pela imagem* (Ianni, 1995, p. 170-172).

A terceirização do trabalho, além da precariedade dos contratos, cada vez mais comum no mercado de trabalho, já se faz sentir na Educação Superior, gerando uma situação de instabilidade em relação à manutenção ou não do emprego no ano seguinte e até mesmo no semestre seguinte. *O profissional* — professor, inclusive — *poderá ter remuneração horária maior e mais flexibilidade, mas pagará suas próprias férias, seguro-saúde e fundo de pensão* (Dupas, 1997, p. 375-376), enfraquecendo o vínculo com o empregador formal e mais grave, levando à perda do sentimento de pertencer: a uma indústria, a uma firma comercial, a uma escola ou faculdade. Este cenário torna mais fácil nossa compreensão sobre as projeções profissionais de estudantes concluintes de graduação para os cincos anos depois de formados:[2]

Planejar metas em nosso país, atualmente, seria vivenciar um sonho (Estudante, Ciências Humanas — Ciências Sociais).

Há projeções que revelam certa desesperança em relação ao momento em que vive o país:

Não é possível fazer projetos específicos, pois tudo ainda é muito incerto (Estudante, Ciências Humanas — História).

É difícil fazer projeções frente a um mercado de trabalho quase estagnado (Estudante, Ciências Sociais Aplicadas — Direito).

A voz do mercado vem falando mais alto que a voz dos atores envolvidos diretamente no futuro profissional. Por isso, são raríssimos os casos de estudantes que expressam sentimentos de realização pessoal e de compromisso frente à sociedade, quando fazem projeções para um futuro a curto prazo após a conclusão dos cursos de graduação.

Docentes, docentes-pesquisadores e estudantes também são afetados pela modificação na divisão do trabalho e com a substituição do pleno emprego para o desemprego estrutural a partir da automatização e robotização da produção e dos serviços. Ambas provocadas pelas três revoluções técnico-científicas: na microeletrônica, microbiologia e energia nuclear (Almeida Junior, 2004). A primeira delas, responsável por um fenômeno novo, o *outsourcing,* ou seja, a transferência para outras empresas, no próprio país ou no exterior o chamado *offshoring,* fornecendo pela internet serviços que englobam desde centros de atendimentos por telefone até atividades de consultoria e elaboração de programas de *software.*

---

2. Trata-se de respostas de concluintes de graduação de todos os cursos oferecidos pela PUC-Campinas a um questionário aplicado em agosto de 2000, como parte de um projeto intitulado *Conhecer para Aprimorar.* As informações sobre o mesmo, inclusive sobre os resultados obtidos, constam dos números 14 (2002) e 15 (2003), da publicação *Série Acadêmica,* PUC-Campinas, Campinas/SP.

A universidade brasileira está em crise, havendo um processo de sucateamento das instituições públicas no Brasil que, tendo início no período militar, continuou nos governos de Sarney e Collor, tendo continuidade ao longo dos oito anos do governo Fernando Henrique Cardoso e que permaneceu inalterável durante grande parte do governo Lula. Deste processo não fica imune a Instituição Universitária. Nossas Universidades Públicas, as melhores do país, estão às minguas por recursos. Convênios com empresas particulares são implementados de modo a favorecer o capital e esvaziar a universidade de seu conteúdo político e crítico, fenômeno que fica claro quando se tem presente o desprestígio crescente das humanidades na instituição Universitária e a ascensão das ciências exatas e da área tecnológica.

Desde o início desta década várias de nossas IES vêm adotando um novo processo de gestão universitária, calculado diretamente no modelo empresarial, em que as planilhas substituem os textos, o termo *professor* é substituído por *prestador de serviços* e o termo *estudante,* por *cliente.* Evidentemente não se trata apenas de uma questão de vocabulário. É importante que se tenha presente o fato de as palavras terem muita importância, podendo deixar claro ou não aquilo que um determinado discurso expressa ou deixa de expressar. No caso deste novo modismo, o que está explícito é um modelo empresarial de administração universitária, que não abre espaço para a discussão de problemas básicos e relevantes, como as relações entre a universidade e o processo de globalização, entre a universidade e o neoliberalismo que ganhou corpo nos anos 1990 e que parece ter se implantado por um longo período a se julgar pelo que vem ocorrendo no início desta primeira década dos anos 2000.

Se por um lado as competências para ensinar só se aplicam a um cenário com tal complexidade após um processo de reflexão e análise sobre o mesmo, elas estavam prontas para serem aplicadas assim que um novo modismo se instalasse. Ele surgiu com a desculpa de que a Educação Superior não estaria suprindo as novas demandas de pessoal qualificado para as novas funções junto às empresas.

Este novo modismo tem um nome — *Universidades Corporativas* — e a ele se aplicam, diretamente, as competências para ensinar.

Tendo se desenvolvido nos Estados Unidos a partir dos anos 1980, este modelo de universidade — *Corporate Universities* —, chega ao Brasil na década seguinte e se expande rapidamente.

Procurando atender às necessidades do neoliberalismo, tem raízes — como já foi destacado anteriormente —, no Taylorismo e procura suprir aquilo que é apontado pelo mundo empresarial como falhas da Universidade na formação do trabalhador com o perfil adequado para as novas exigências do mercado: um trabalhador dotado de ampla flexibilidade, sendo capaz não só de aceitar como também de adequar-se às constantes mudanças de funções para as quais se considerava preparado, extremamente eficiente segundo critérios da empresa, competitivo e ao mesmo tempo fiel aos agentes empregadores (Silva e Balzan, 2007).

No discurso do corporativismo, implícito no conceito de Universidades Corporativas, *a flexibilidade muda o sentido do trabalho, já que esta exige dos trabalhadores a capacidade de serem ágeis e prontos para mudanças rápidas, bruscas, em curto prazo. O resultado é a perda do sentido do trabalho por parte do trabalhador* (Silva, 2005, p. 59). No entanto, tudo transcorre como se este fato não tivesse a mínima importância, uma vez que entre os motivos que levam as empresas a apostarem na implementação de Universidades Corporativas um deles se destaca dentre os demais: *criar um diferencial no desenvolvimento de seus funcionários, para atingir lucros altos em todos os componentes da cadeia de valor, ou seja, desenvolver seus trabalhadores, deixando-os mais aptos às atividades voltadas aos processos produtivos e sintonizando-os à cultura organizacional* (Idem, ibidem, p. 58).

Se até poucos anos atrás *o treinamento oferecido pelos antigos Centros de Treinamento e Desenvolvimento das empresas era orientado na busca de soluções para casos pontuais, que envolviam a atualização de métodos e processos com foco nos indivíduos [...] os papéis da UCs são orientados às tendências dos negócios, à qualificação tanto técnica quanto profissional de seus colaboradores, à promoção da educação permanente e às múltiplas alternativas de aprendizagem. Essas características não estão apenas alinhadas à estratégia organizacional e ao desenvolvimento dos funcionários, mas também a outros elementos da cadeia de valores da empresa, como clientes, fornecedores, distribuidores e parceiros* (Idem, ibidem, p. 52).

Diante do exposto é fácil concluir que, se por um lado as *competências para ensinar* podem ser aplicadas somente com muita parcimônia e criticidade à Educação Superior tal como a conhecemos, elas encontram um campo fértil para aplicação nas Universidades Corporativas. À enorme complexidade e desafios com os quais a primeira se defronta, contrapõe-se a estreiteza de objetivos e limites da segunda.

5ª) Se as competências para ensinar são aplicadas com sucesso à Gestão pela Qualidade Total (GQT), elas também podem ser aplicadas quando se tem por objetivo assegurar uma educação de qualidade

O termo qualidade vem do latim *qualitas, átis*: qualidade, natureza (das coisas). Em essência, só teria qualidade algo que fosse, além do essencial, relevante, importante, próximo daquilo que é perfeito. É interessante observar que a palavra entra para o português somente no século XIV.

Qualidade é aqui entendida, portanto, como aquilo que aponta positivamente em termos de ensino e aprendizagem, de qualidade de vida universitária e do próprio conceito de Universidade comumente confundido como agência formadora de profissionais cujos perfis são traçados pelo mercado. Qualidade da educação entendida como oferta de ampla e profunda cultura geral aos seus estudantes, pessoas que se tornam capazes de entender a intrincada rede de relações socioculturais que caracteriza o mundo no momento atual. Capazes de ver e pensar o mundo de forma integrada, onde meio ambiente, economia, ciências exatas, biológicas e as humanidades em geral formam um todo indissociável só passível de ser identificado quando se tem como referência permanente o contexto sociocultural em que esta trama ocorre.

Qualidade de ensino que tem nas relações de reciprocidade professor-aluno um de seus pontos de apoio mais marcantes e que ora vem sendo substituída por termos extraídos do mercado, isto é, relações prestador de serviços-cliente.

Qualidade de ensino na qual estão presentes os valores básicos da vida em sociedade, que tem na solidariedade, na liberdade, no desenvolvimento do pensamento crítico, na busca de maior igualdade entre pessoas e classes sociais suas marcas de excelência.

Assim entendida, cabe lugar, no processo educacional, à formação profissional de alto nível. A alta qualidade do ensino e da aprendizagem assegura, então, a vinda para o mundo do trabalho de profissionais comprometidos com o sentido de suas atividades tanto para si próprios como para a comunidade mais próxima, a região e o país em que vivem. Um país ávido por desenvolvimento capaz de assegurar condições de vida digna a toda sua população. Um profissional capaz de fazer uma crítica formulada com clareza à chamada terceirização do trabalho e seu aviltamento através de empregos transitórios. Um profissional conhecedor do fato de que *tudo hoje tem seu preço, é "precificado", avaliado como mercadoria. [...] Bacharéis e licenciados que saibam que disso tampouco a educação escapa. A qualidade se submetendo às leis do mercado passa a se identificar simplesmente com competências e habilidades do mundo da economia. Instrumentos objetivos, como os testes, assegurariam a objetividade científica. Gerando dados que podem ser comparados e analisados segundo técnicas quantitativas, independendo dos analisadores, como se fossem livres dos vieses da subjetividade* (Dias Sobrinho, 2002, p. 49).

Não se trata, portanto, de qualidade tal como é entendida na Gestão pela Qualidade Total (GQT), que Falconi (1992) aponta como uma forma de gerenciamento de empresas utilizada originalmente no Japão após a Segunda Guerra Mundial. *O foco principal desse modelo de gestão é o atendimento integral das necessidades dos clientes, usuários ou consumidores. Além da qualidade intrínseca do produto, são levados em consideração os preços, o atendimento na compra e a assistência técnica* (Delpino e Balzan, 2007, p. 75-76). Seu emprego na área educacional *tem sido justificado por se considerar a escola como um dos elos da cadeia produtiva. Neste sentido é visto como medida racionalizadora de custos, capaz de sanar o que se considera improdutividade e ineficiência das instituições, no âmbito administrativo e pedagógico. Parte-se do pressuposto segundo o qual a escola deve atender às exigências de qualidade do produto (ensino) ao que o cliente (aluno ou mercado) espera* (Idem, ibidem, p. 82). A GQT dá ênfase à satisfação total das necessidades e expectativas do cliente como fator principal para o aumento da competitividade e participação no mercado (Garvin, 1992). A qualidade, desta forma, pode ser vista a partir de um ângulo mercadológico e estratégico que visa ao aumento constante de mercado, a obtenção de lucros, satisfação total do cliente e procedimentos gerenciais utilizados para atender às necessidades de eficiência e eficácia do mercado.

Como no caso anterior — Universidades Corporativas —, a GQT, em sua primeira fase, denominada *Era de Inspeção*, é tributária dos estudos de Frederick W. Taylor que avaliavam o tempo e os movimentos realizados pelos operários na fabricação de um produto. O *modelo*, no caso brasileiro, tem uma história de 88 anos, começando em 1922, no Rio de Janeiro, com a Criação do Instituto Nacional de Tecnologia (INT), passando pela adoção do ISO 9000, em 1987, e culminando com a criação do Comitê de Qualidade — CB 25, da ABNT e a realização do 2º CBQB — Congresso Brasileiro da Qualidade e Produtividade da UBQ (União Brasileira para a Qualidade), em 1992, no Rio de Janeiro.

A GQT chega à área educacional a partir do sucesso alcançado nos setores industrial e de serviços e já vem marcada pela concepção de mercado, atribuindo à escola o caráter de prestadora de serviços. Seus objetivos são claros: contribuir para a formação de profissionais orientados pelo mercado; reduzir os índices de evasão e reprovação; racionalizar custos. Seu emprego nesta área *é justificado por ser a escola um dos elos da cadeia produtiva. É visto como medida racionalizadora de custos, capaz de sanar o que se considera improdutividade e ineficiência das instituições nos âmbitos administrativo e pedagógico. Parte-se do pressuposto de que a escola deve atender às exigências de qualidade do produto (ensino) ao que o cliente (aluno ou mercado) espera* (Delpino, 2005, p. 54).

No entanto, como afirma Dias Sobrinho (1995, p. 22), *não há uma correspondência biunívoca entre as Universidades e as empresas, entre a formação acadêmica e a evolução das profissões, entre os princípios educacionais e as demandas ocupacionais, os ritmos da pesquisa e do ensino e os tempos acelerados de seu consumo, a oferta de profissionais formados e as demandas do mercado, entre qualidade e quantidade produzidas e as que a economia requer*. Além disso é preciso considerar, conforme afirma o mesmo autor, que *as demandas e necessidades do mercado são, frequentemente, de caráter imediatista e bem-de-*

finido. A educação não se circunscreve ao momento ou ao tempo e espaço definidos pela métrica da escolaridade. É um processo que se inscreve no "tempo histórico total". Realiza-se num dado momento, que é a objetivação do passado e também condição das aprendizagens e práticas sociais futuras. Toda educação é eficaz e prospectiva, porque sabe antecipar os desenvolvimentos, exigências e demandas sociais futuras e, assim, produzir as condições necessárias para as aprendizagens que os indivíduos deverão realizar mais adiante (Idem, ibidem, p. 28).

Por isso, descarta-se qualquer aproximação entre aquilo que aqui se entende por Qualidade Aplicada à Educação, e as propostas derivadas da Gestão da Qualidade Total (GTQ).

Conclusão

A área educacional parece a mais vulnerável, entre as demais, para incorporar novidades sem que elas passem previamente por um processo exaustivo de análise crítica. Daí aos *ismos* — modismos, por exemplo — é apenas um passo. Aconteceu isto com a primazia atribuída aos objetivos comportamentais ou instrucionais na década de 1970 e início dos anos 1980. Aconteceu o mesmo com a chamada *Teoria da Reprodução*, considerada como a palavra final no processo de educação escolarizada, levando muitos professores à negação do próprio trabalho, até que críticas muito bem fundamentadas apontassem seus limites, inclusive territoriais (França), "pondo as coisas nos devidos lugares".

Corre-se os mesmos riscos com as *competências para ensinar*. Se por um lado as definições de algumas delas podem ajudar professores e alunos nas tarefas do dia a dia, por outro, quando elas se tornam os eixos norteadores de disciplinas e cursos, podem implicar um esvaziamento do próprio sentido do termo educação. Destituídas de um processo de profunda reflexão e avaliação nos períodos agendados para as atividades de planejamento, as *competências* podem gerar consequências desastrosas, como a marginalização da criatividade, a substituição da educação por instrução e, no final, a perda de identidade do próprio professor.

É absolutamente necessário que se veja com muita clareza os significados da formação e/ou capacitação de pessoal, tanto nos cursos oferecidos pelas Universidades Corporativas como nas atividades desenvolvidas a partir da Gestão da Qualidade Total (GTQ), ambos frutos do neoliberalismo, a serviço do lucro, da competição, do individualismo exacerbado.

É preciso e urgente que pensemos mais alto e com maior amplitude de modo que, sem perdermos de vista nossas disciplinas, nossos cursos e nossas instituições, não deixemos de associá-los permanentemente à realidade vigente em nosso país, na América Latina e no mundo globalizado, pois *a triste realidade é que o mundo hoje é um lugar muito mais desigual do que há quarenta anos* (Annan, 2004).

Referências bibliográficas

ALMEIDA JUNIOR, Vicente de P. *O processo de formação das políticas públicas de avaliação da educação superior no Brasil (1983-1996)*. Tese (Doutorado) — Faculdade de Educação. Campinas: Unicamp, 2004.

ANNAN, Kofi. ENCONTRO DA UNCTAD, 11. *Conferência das Nações Unidas sobre comércio e desenvolvimento*. São Paulo, jun. 2004.

ASHWORTH, Allan; HARVEY, Roger. *Assessing quality in further and higher education*. London: Jessica Kingsley Publishers, 1994.

BALZAN, Newton C. Sete asserções inaceitáveis sobre a inovação educacional. *Inovação educacional no Brasil*: problemas e perspectivas. São Paulo: Cortez/Autores Associados, 1989. p. 265-285.

_____. Didatique universitaire en question — possibilités et des limites de compétences pour enseigner. COLÓQUIO DA ADMEE, 17. Lisboa, nov. 2004. 13 p. (Mimeo.)

BARNETT, Ronald. *The limits of competence*: knwoledge, higher education and society. Buckingham: SRHE and Open University Press, 1994.

_____. *Learning to effect*. Buckingham: SRHE and Open University Press, 1995.

BLEGEN, C. Theodore; COOPER, Russel M. (Ed.). *The preparation of teachers*. Washington: American Council on Education, 1950. p. 123.

BLOOM, Benjamin S. *Taxionomia dos objetivos educacionais*. Porto Alegre: Globo/UFRS, 1972. v. 1: Domínio cognitivo.

_____. *Taxionomia dos objetivos educacionais*. Porto Alegre: Globo/UFRS, 1972. v. 2: Domínio afetivo.

BRYAN, Newton A. P. *Educação, trabalho e tecnologia*. Tese (Doutorado) — Faculdade de Educação, Unicamp. Campinas, 1992.

COLARDYN, Danielle. *Reconaître des competénces dans un système d'echanges européen et international*. Notas do autor extraídas de Conferência. COLÓQUIO DA ADMEE, 17. Lisboa, nov. 2004.

COMBS, Arthur W. *Myths in education*. Boston: Allyn and Bacon, 1979.

CUNHA, M. Isabel. *O bom professor e sua prática*. Campinas: Papirus, 1989.

DELLA-VOS, Victor K. *Notice sur l'École Impériale Tecnique de Moscou*. Paris, 1878. (Folheto de apresentação dos trabalhos da Escola Técnica Imperial de Moscou na Exposição Mundial de Paris.)

DELPINO, Rosemar. *Ensino superior*: a qualidade total em questão. Dissertação (Mestrado) — Faculdade de Educação, PUC-Campinas. Campinas, 2005.

_____; BALZAN, Newton C. Educação superior: a qualidade total em questão. *Avaliação* — Revista de Avaliação da Educação Superior, Universidade de Sorocaba (Uniso), Sorocaba, v. 12, n. 1, p. 73-90, mar. 2007.

DEMEUSE, Marc; MURDOCH, Jake; PAUL, Jean-Jacques. *L'évaluation des competences des diplomes universitaires en Europe à travers leurs responses à un questionnaire d'auto-évaluation rétrospectif*. Coloquio da ADMEE, 17. Lisboa, nov. 2004.

DIAS SOBRINHO, José. Universidade: processos de socialização e processos pedagógicos. In: BALZAN, Newton C.; DIAS SOBRINHO, J. (Org.). *Avaliação Institucional*: teoria e prática. São Paulo: Cortez, 1995.

_____. *Avaliação democrática*: para uma universidade cidadã. Florianópolis: Insular, 2002.

DUPAS, Gilberto. A informalização no mercado de trabalho. In: Globalização em debate. *Estudos Avançados*, São Paulo, USP, v. 11, n. 29, p. 375-376, 1997.

EISNER, E. W. Instructional and expressive educational objectives: their formulations and use in curriculum. *School Review*, Stanford University, Stanford, CA, p. 250-266, 1967.

ELLIS, Roger. *Quality assurance for university teaching*. Buckingham: SRHE and Open University Press, 1993.

FALCONI, Vicente. *TQC*: controle da qualidade total. Belo Horizonte: Fundação Cristiano Otoni/Block, 1992.

FERREIRA, Aurélio Buarque de Holanda. *Novo Aurélio século XXI*. Rio de Janeiro: Nova Fronteira, 2002.

GARVIN, D. *Gerenciando a qualidade*: a visão estratégica e competitiva. Rio de Janeiro, [s.n.], 1992.

GOLDBERG, Maria Amélia A. As contribuições da ciência ao ensino: mito e anti-mito. *Cadernos de Pesquisa*. São Paulo: Fundação Carlos Chagas, n. 12, p. 55-59, mar. 1975.

GOODLAD, Sinclair. *The quest for quality* — sixteen forms of heresy in higher education. Buckingham: SRHE and Open University Press, 1995.

GREEN, Diana (Ed.). *What is Quality in Higher Education?* Buckingham: SRHE and Open University Press, 1994.

HARGREAVES, Andy. *Changing teachers, changing times*. London: Redwood Books, 1994.

IANNI, Octavio. *Teorias da globalização*. Rio de Janeiro: Civilização Brasileira, 1995. p. 70-72.

LEVINE, Arthur. *Why innovation fails*. New York: State of New York University Press, 1980.

MAGER, R. F. *A formulação de objetivos do ensino*. Porto Alegre: Globo, 1976.

MAXIMIANO, César A. *Teoria geral da administração*: da escola científica à competitividade na economia globalizada. São Paulo: Atlas, 2000.

MENEGHEL, Stela M. *A crise da universidade moderna no Brasil*. Tese (Doutorado) — Faculdade de Educação, Unicamp. Campinas, 2001.

NAGEL, T. S.; RICHMAN, P. I. *Ensino para a competência*. Porto Alegre: Globo, 1973.

NOBLE, David *America by design*: science, technology, and the rise of corporate capitalism. Oxford: Oxford University Press, 1980.

PARSONS, Carl (Ed.). *Quality Improvement in Education*. London: David Fulton Pub., 1994.

PERRENOUD, Philippe. *10 novas competência para ensinar*. Porto Alegre: Artmed, 2000.

POPHAM, W. J.; BAKER, Eva. *Como estabelecer metas de ensino*. Porto Alegre: Globo, 1976.

RIOS, Terezinha A. *Compreender e ensinar*: por uma docência de melhor qualidade. São Paulo: Cortez, 2002.

ROSSI, Wagner. *Capitalismo e educação*. São Paulo: Cortez/Moraes, 1978.

SILVA, Marco Wandercil da. *Universidade Corporativa*: uma avaliação no contexto do ensino superior no Brasil. Dissertação (Mestrado) — Faculdade de Educação, PUC-Campinas. Campinas, 2005.

_____; BALZAN, Newton C. Universidade Corporativa: (Pré-)tendência do ensino superior ou ameaça? *Avaliação* — Revista de Avaliação da Educação Superior, Universidade de Sorocaba (Uniso), Sorocaba, v. 12, n. 2, p. 233-256, jun. 2007.

TÁVORA, M. Josefa de S. *Projeto pedagógico no Brasil*: o estado da arte. Tese (Doutorado) — Universidade Estadual Paulista (Unesp). Marília, 2001.

TAYLOR, Frederick W. *Princípios da administração científica*. São Paulo: Atlas, s/d.

_____. *Shop management*. New York: McGraw-Hill Book Co., 1911.

TUPPY, Maria Isabel N. *A educação em confronto com a qualidade*. Tese (Doutorado) — Faculdade de Educação, Unicamp. Campinas, 1998.

UNESCO/CONSELHO DE REITORES DAS UNIVERSIDADES BRASILEIRAS (CRUB). *Tendências da educação superior para o século XXI*. Brasília: CRUB, 2003.

UNIVERSIDADE FEDERAL DO RIO DE JANEIRO. *Grupo de indústria e competitividade do Instituto de Economia*. Relatório apresentado à Cepal — Comissão Econômica para a América Latina e Caribe, jan. 2004.

VÁRIOS. *Estudos Avançados* — Dossiê Educação, São Paulo: Instituto de Estudos Avançados da Universidade de São Paulo, v. 15, n. 42, maio/ago. 2001.

VÁRIOS. *Comment évaluer des compétences?* COLÓQUIO DA ADMEE, 17. Notas do autor extraídas de mesa-redonda. Lisboa, nov. 2004.

_____. *Revista Educação*, Campinas, PUC-Campinas, n. 12, jun. 2002; n. 14, jun. 2003; n. 19, nov. 2005.

_____. Conhecer para aprimorar. *Série Acadêmica*, Campinas, PUC-Campinas, n. 14, 2002; n. 15, 2003.

WHEELER, A. H.; FOX, W. L. *Modificação do comportamento. Guia do professor para a formulação de objetivos instrucionais.* São Paulo: Pedagógica e Universitária, 1973.

A CONSTRUÇÃO PERMANENTE DA COMPETÊNCIA

Terezinha Azerêdo Rios

Retomando a reflexão que venho fazendo em alguns de meus trabalhos, mais particularmente "Competência ou competências: o novo e o original na formação de professores" (Rios, 2002), e procurando estender a discussão ao espaço de formação e atuação de outros profissionais além de educadores, pretendo, aqui, abordar os seguintes itens:

1. A ideia de competência: uma "exclusividade" da visão tecnicista?
   Ou
   Falar em competência: um pecado sem perdão?
2. As múltiplas "escalas" de uma viagem: necessidade de fazer transformações na bagagem.
   Ou
   Competência é compartilhada e construída continuamente.

Meu objetivo é explorar de forma mais ampla alguns aspectos que têm estado presentes em boa parte das discussões quando se abordam questões relacionadas à competência — ou *às competências*, forma utilizada com mais frequência. Pode-se perceber que apesar de se explicitarem de forma reiterada as diversas ideias e posicionamentos, ainda há necessidade de jogar luz em alguns elementos, para "aparar arestas" ou para ver de maneira mais clara as aproximações ou dissidências.

Tenho constatado, por exemplo, que alguns colegas professores afirmam que utilizam meu trabalho como referência, principalmente no que diz respeito à noção de competência que apresento. Entretanto percebo que, em parte deles, essa noção parece perder o sentido em que a utilizo, misturando-se a outros, numa "convivência" nem sempre coerente, criando espaço para ambiguidades e paradoxos, quando não para distorções das ideias. Reconheço que isso, por um lado, provoca minha reflexão, fazendo com que eu volte aos conceitos, retomando-os e estando atenta à necessidade eventual de sua revisão. Por outro lado, parece mostrar que ainda há um espaço amplo para a discussão, que não é só conceitual, e que deve estar apoiada na realidade complexa na qual se situa e da qual emerge.

Além de desenvolver minhas atividades na Universidade, tenho trabalhado com formação continuada de profissionais de diversas áreas além da educação, em organizações públicas e privadas, e a discussão sobre a ética como *dimensão fundante* da competência tem sido muito rica, abrindo espaço para uma revisão crítica do conceito de competência e das propostas de formação profissional vivenciadas pelos participantes. Explorarei aqui alguns aspectos dessa experiência, com a intenção de, ao partilhá-la, ampliar o diálogo que tem sido valioso para o aprofundamento de minha reflexão.

Competência: uma palavra proibida?

> *[A crítica política da educação] guarda a garantia de uma melhora da educação que não seja uma mentira. A mentira que existe por detrás de se dizer e pensar que o que determina a educação e suas mudanças, suas transformações em uma direção ou noutra, só pode ser o que existe de pedagógico ou de tecnocrático dentro dela. Esse pensar de mentira sobre as questões da educação, esta maneira de imaginá-la, e ao educador, como heróis imaculados de estórias de cavalaria medieval, lembra alguma coisa parecida com*

> *o sujeito ingênuo que pensa assim no meio do tiroteio: "— se eu fechar bem os olhos e não vir as balas, bala nenhuma me atinge"* (Brandão,1982, p. 75).

Em diversos encontros e em palestras de que tenho participado, percebo a recusa de alguns educadores ao uso da palavra competência. "Falar em competência implica aderir a uma tendência tecnicista de educação", "Competência está ligada diretamente à competição, que é estimulada no sistema capitalista" — são algumas das afirmações que encontramos. Quase se pode supor, então, que se não dizemos a palavra, estamos a salvo da ameaça representada por aquilo que ela nomeia.

A questão que se coloca é: Silenciar a palavra é superar os aspectos ideológicos da prática? Acredito que não. Temos que garantir a "pronúncia" e procurar garantir também o sentido com o qual pronunciamos.

Não se trata de ignorar o "peso" das palavras. A etimologia nos ajuda a buscar a origem delas e a seguir a trajetória de sua compreensão no universo da linguagem e da cultura. Nessa trajetória, veem-se permanências e mudanças — descobrem-se, às vezes, rumos bem diferentes, a partir do "marco inicial". Vão-se multiplicando os sentidos, desdobrando-se os significados. Por isso talvez seja perigoso falar numa significação "autêntica" de algumas palavras.

Sem dúvida, é preciso cuidado com o que as palavras "querem dizer". Muitas vezes, elas são utilizadas exatamente para "não dizer", ou "dizer pela metade", disfarçar o que se apresenta. Em seu belo texto "Em defesa da palavra", Eduardo Galeano afirma que "a palavra é uma arma que pode ser bem ou mal usada: a culpa do crime nunca é da faca" (Galeano, 1978, p. 22). Faz referência àqueles que "convertem a palavra em alvo de fúria". Mas também chama atenção para a necessidade de "resgatar a palavra, [...] usada e abusada com impunidade e frequência para impedir ou atraiçoar a comunicação" (Idem).

Penso que ao falar em competência, estamos nesse terreno em que se corre o risco do abuso e da traição. Mas, como Brandão, na epígrafe deste intertítulo, julgo que é preciso evitar fechar ingenuamente os olhos, julgando que as balas não nos atingem. É necessário, sim, abrir os olhos, situar-se no "tiroteio", defender-se das balas e atacar, se preciso, para "ganhar a batalha". Talvez seja indevida a metáfora da guerra. Mas muitas vezes nos encontramos mesmo, na sociedade em que vivemos, no enfrentamento de batalhas que demandam um empenho sério e ativo, para construir o que acreditamos necessário para todos.

Por isso, temos que enfrentar, ainda uma vez, a discussão sobre a competência — a palavra e o que ela indica — buscando livrá-la de um sentido que se julgou único e por isso adquiriu uma hegemonia que é preciso denunciar. Pois só pronunciando poderemos realizar a crítica e aproximarmo-nos da realidade que queremos transformar.

O termo competência se encontra entre outros que são "proibidos" no campo educacional.

Não se pode falar em *reciclagem* de professores, porque a palavra reciclagem se aplica, na linguagem cotidiana, ao processo de transformação de materiais — coisas, objetos etc. Não se pode falar em *capacitação*, pois o termo guarda nele a ideia de que o que se capacita é, antes de ser capacitado, um incapaz. Não se pode falar em *transmissão* de conhecimentos, porque a transmissão pressupõe um receptor que acolhe passivamente o que é transmitido. Não se pode falar em *instrução*, uma vez que nos faz restringir o sentido da formação que queremos realizar. E... não se pode falar em *formação*, porque o termo está marcado pela ideia de "colocar na forma"!

Não se pode falar em *professor*, deve-se usar o termo "educador", pois professor é "*funcionário* de um mundo dominado pelo Estado e pelas empresas". E não se pode falar em professores competentes. Não devemos falar em *competência*, pois é uma palavra-chave da ideologia neoliberal, que não se aplica no espaço do trabalho educacional.

A primeira coisa a se afirmar, neste trabalho, é a transgressão ao decreto que nos impõe o silêncio em relação ao termo competência e, mais ainda, ao conceito que nele se pronuncia. Na verdade, vale, de imediato, uma retificação: aos conceitos que nele se pronunciam. Porque o termo é único, mas os conceitos são plurais; ou, se mantemos a ideia de um único conceito, temos de reconhecer que se trata de um conceito de múltiplas significações.

[...] A noção de competência nas ciências da educação provoca, com frequência, incertezas léxicas e controvérsias, devido à dificuldade de identificar claramente os fenômenos que ela tenta objetivar. Ela faz parte daquelas noções cujas definições só podem ser apreendidas por meio da evolução das tendências educativas e de pesquisa que a utilizam e que devem servir de referencial para esclarecer os diversos sentidos a ela atribuídos (Dolz e Ollagnier, 2004, p. 9).

Trata-se, assim, de apontar a significação com que utilizamos o conceito, problematizando o uso de algumas outras significações ou, mais ainda, a apropriação do conceito como exclusividade de uma tendência no campo da formação profissional.

Para explicitar o significado do conceito de competência que tenho usado, retomo, então, parte do trabalho já mencionado (Rios, 2002). Ali se coloca uma pergunta: *A noção de competência é algo já estabelecido com um único significado de uma vez por todas e assumido de maneira consensual no campo da formação e da atuação de profissionais ou é ainda uma novidade e precisa ser submetida à reflexão crítica?*

Minha resposta vai na direção da segunda alternativa: embora se possa constatar que a noção de competência importada do mundo empresarial tem sido hegemônica nas propostas, principalmente oficiais, que se apresentam no campo da educação, há a possibilidade de se utilizar a noção de maneira distinta, com um significado mais abrangente e despido da marca ideológica de que se revestiu no contexto da tendência tecnicista.

Levo em consideração o que afirma Marise Nogueira Ramos:

A noção de competência, muito além de ser apropriada acriticamente pela sociedade brasileira, levando-a à condição de senso comum, deve apresentar-se como objeto de análise crítica pelos educadores, trabalhadores e todos os demais intelectuais orgânicos da classe trabalhadora, com o fim de reconhecer seu real significado e a essência do fenômeno a que faz referência (Ramos, 2001, p. 170).

Penso, entretanto, que devemos procurar reconhecer não propriamente o "real significado" da competência, mas, para explicitá-la, "o fenômeno a que faz referência". Pois o que deve estar no cerne da crítica é exatamente o fenômeno, o que é indicado pelo nome.

Não é mau que a noção de competência seja levada à condição de senso comum, desde que seja efetivamente explicitada a noção de senso comum. Santos (1996, p. 10) fala em superar a noção de senso comum identificado como conhecimento vulgar, apontando um "novo senso comum", a ser construído com a apropriação do conhecimento científico por todos os indivíduos na sociedade. Afirma que "a distinção hierárquica entre conhecimento científico e conhecimento vulgar tenderá a desaparecer e a prática será o fazer e o dizer da filosofia da prática".

O que se pode constatar é que os termos *competência* e *qualidade* ganham uma significação bastante específica no campo da formação profissional, mais particularmente no espaço empresarial, e passam a ter a marca da ideologia liberal, indicando para o trabalhador um modelo de prática cujos resultados vão ao encontro da exploração capitalista. É essa concepção que se encontra como fundamento de uma *tendência tecnicista* de formação. Poderíamos dizer que essa tendência é "exportada" para o campo da educação e temos, então, propostas e ações orientadas para a constituição daquilo que Lúcia Wanderley Neves e seu grupo (Neves, 2005) chamam de *A nova pedagogia da hegemonia*. A leitura do trabalho organizado por Neves nos põe em contato com uma crítica séria às propostas sustentadas na ideologia neoliberal e chama atenção para a necessidade de se identificarem as "estratégias do capital para educar o consenso". Procurando fundamentar sua reflexão no pensamento de Gramsci, os autores denominam *pedagogia da hegemonia* o conjunto de propostas e ações por meio das quais "*o Estado brasileiro, enquanto Estado educador, redefine suas práticas, instaurando [...] uma nova relação entre aparelhagem estatal e sociedade civil, com vistas a estabilizar, no espaço brasileiro, o projeto neoliberal de sociabilidade*" (Neves, 2005, p. 39).

Nesse contexto, efetivamente, a referência à competência — às competências, melhor dizendo — guarda o caráter ideológico. Mais uma razão para estarmos vigilantes e procurar apontar esse caráter. E também para nos perguntarmos se, devido a essa configuração que ganha a noção de competência, ela se torna "propriedade" do tecnicismo e pronunciá-la implica "cometer um pecado".

Uma tendência observável na realidade — que talvez indique um dos usos perversos do modelo da competência — é a criação de uma categoria de trabalhadores considerados "inempregáveis" porque excluídos da lógica da competência (Hirata, 2001, p. 16). É a esse uso perverso que se refere Marilena Chauí quando fala sobre o "discurso competente". Segundo Chauí (2006, p. 19), esse é um discurso instituído,

> [...] no qual a linguagem sofre uma restrição que poderia ser assim resumida: não é qualquer um que pode dizer a qualquer outro qualquer coisa em qualquer lugar e em qualquer circunstância. O discurso competente confunde-se, pois, com a linguagem institucionalmente permitida ou autorizada, isto é, com um discurso no qual os interlocutores já foram previamente reconhecidos como tendo o direito de falar e ouvir, no qual as circunstâncias já foram predeterminadas para que seja permitido falar e ouvir e, enfim, no qual o conteúdo e a forma já foram autorizados segundo os cânones da esfera de sua própria competência.

Com a consideração do discurso competente como discurso do conhecimento, a competência se reveste de um caráter ideológico, que tem o papel de dissimular a existência da dominação na sociedade dividida e hierarquizada em que vivemos. Ela ganha a feição de uma competência *privada*, identificada como um modelo sustentado pela *"linguagem do especialista que detém os segredos da realidade vivida e que, indulgentemente, permite ao não especialista a ilusão de participar do saber"* (Chauí, 2006, p. 24). Os vários discursos competentes se dispõem a trazer fórmulas fechadas do saber e do comportamento nas relações entre os indivíduos, fazendo desaparecer a dimensão propriamente humana da experiência.

Ora, há uma perspectiva de consideração da competência que não guarda esse viés ideológico e que procura destacar no conceito aquilo que aponta para direitos e deveres presentes numa prática social. Ir contra o caráter ideológico do discurso da competência e da retórica da qualidade significa procurar trazer, para os sujeitos sociais e suas relações, as ideias e valores que parecem ter sido deslocados para o espaço de uma racionalidade cientificista, de uma suposta neutralidade, em que os homens se encontram reduzidos à condição de objetos sociais e não sujeitos históricos.

Talvez o problema se coloque de forma mais complexa quando se recorre ao termo incompetência para designar o oposto da competência. E então poderíamos, aí sim, falar de um uso perverso do termo, uma vez que, para opor competentes e incompetentes dir-se-ia que o critério seria definido pelos "competentes".

É verdade que voltando nossa atenção, no campo da educação, para alguns discursos que vêm sendo apresentados em muitos eventos e para as ações que são propostas e se desenvolvem em algumas escolas, ficamos com a impressão de que não há mais o que discutir sobre *competência*: está instalada a "formação de competências", a "gestão por competências", a avaliação do trabalho "por competências". Há necessidade, entretanto, de verificar, como afirma Ramos (2001), quais são os "fenômenos" designados pelo discurso. E, mais ainda, se o significado a eles atribuído é o mesmo, em todas as circunstâncias.

É possível uma prática competente sem um viés tecnicista?

Embora a Universidade venha sendo um espaço especial de meu trabalho, é na articulação das atividades que aí realizo com outras atividades que tenho desenvolvido fora dela — docência, assessoria, consultoria, participação em eventos — que se configura a minha vida profissional. Em cada um dos espaços tenho a possibilidade de realizar ações diferenciadas, que se mostram complementares, estimuladoras de uma constante reflexão e busca de aprimoramento.

Minha reflexão sobre a ética na prática profissional dos educadores (Rios, 1993 e 2001) fez com que eu fosse solicitada a participar também de projetos e programas em empresas. Tenho tido uma experiência que sempre me gratifica, na qual encontro elementos de aprendizagem por vezes surpreendentes.

É interessante ver como algumas empresas abandonam treinamentos tradicionais e buscam alternativas diferentes de aprimoramento de seus profissionais, em todos os níveis. Num domínio antes ocupado por administradores de empresas, psicólogos ou assistentes sociais, vai aparecendo cada vez mais espaço para o filósofo, como estimulador de uma reflexão sobre a prática, reflexão que procura explorar fundamentalmente a ética como tema central.

Iniciei essa experiência há mais de vinte anos. Quando se trata de grupos compostos por profissionais de diferentes empresas, eles se interessam pelo trabalho e me trazem convites para fazê-lo com suas equipes. Tenho trabalhado com gerentes, supervisores, equipes de Recursos Humanos, secretárias, *trainees*. Os subtemas que se enfocam são o papel da filosofia no contexto do trabalho, a construção da cultura e da história, a presença dos valores na organização social, as exigências colocadas ao desempenho dos papéis profissionais, as dimensões da competência e as responsabilidades das instituições e dos cidadãos na criação de uma ordem social justa e democrática. Nos cursos e palestras, estabelece-se uma viva discussão em torno das questões que se levantam. No depoimento dos participantes, sempre se faz menção à relevância dos temas e à necessidade de seu aprofundamento e do alargamento da discussão, estendendo-a a todos os profissionais das empresas.

Da mesma maneira que a empresa acolhe favoravelmente a participação do filósofo e do educador que vêm da academia, parece que esta vai deixando de "torcer o nariz" à participação de seus membros em atividades junto às empresas. Na verdade, nunca se deixou de valorizar o trabalho dos pesquisadores, cujo resultado favorece o desenvolvimento dos setores da produção. Entretanto, a aproximação do professor ao mundo empresarial foi, muitas vezes, considerada como uma forma de tornar-se "refém do mercado", render-se à ideologia do sistema. Atualmente, o quadro tem mudado. Minha experiência me mostra que há um grande trabalho a ser realizado e que a contribuição que levamos pode produzir resultados muito significativos.

Trabalhar na formação continuada de profissionais na área empresarial tem trazido para mim o desafio de questionar constantemente o significado de minha intervenção, indagando sobre os riscos a que estou exposta quando me proponho a ampliar a competência daqueles profissionais, cujo trabalho — assim como o meu, é bom lembrar — se dá num contexto de exploração e de desigualdades.

Essa experiência, entretanto, tem reforçado minha convicção de que, apesar das contradições — ou exatamente por causa da existência delas — nesse espaço da exploração e da desigualdade encontram-se possibilidades de instalar a igualdade e a solidariedade necessárias para a construção da vida humana justa e feliz.

Minha participação nos programas de formação continuada de gestores se dá a partir de minha área de formação e de prática — a filosofia. Como tenho afirmado sempre, é à filosofia que recorro para estimular a discussão sobre o trabalho e sobre seu significado, sua intencionalidade, suas implicações, no contexto em que vivemos, nos dias de hoje. A ética, como uma das faces da filosofia, aparece como tema e como elemento norteador da abordagem das questões que são discutidas. É importante verificar como a reflexão crítica contribui para novas maneiras de olhar sua realidade de trabalho e para mudanças nas práticas cotidianas. A quem afirma que isso só é um jeito de contribuir para a melhora do sistema capitalista, podemos afirmar corajosamente e com base na prática, que isso é um jeito de contribuir para uma ampliação da consciência dos profissionais e das possibilidades de intervenção crítica e, portanto, para a melhora do trabalho e das relações sociais.

Está claro que as transformações na maneira de os profissionais verem o mundo não levam imediata e diretamente a transformações no contexto concreto do trabalho. Seria ingenuidade afirmar que isso acontece. Entretanto, tem-se a possibilidade de avanços significativos na maneira como se estruturam as organizações. A ideia de que o trabalho competente não se reduz à competição desleal, à afirmação do individualismo, já passa a ganhar um espaço — ainda que pequeno, diante do que é desejável — no mundo do trabalho, mesmo com as dificuldades impostas pelo mercado. Pode parecer estranho, mas percebe-se que, em algumas situações, no campo empresarial encontra-se maior disponibilidade para o olhar crítico do que em alguns espaços do mundo educacional.

Tenho buscado utilizar o termo competência *no singular*, evitando a referência a *competências*. Com ele, quero designar *uma totalidade que abriga em seu interior uma pluralidade de propriedades*, um conjunto de qualidades de caráter positivo presentes na prática profissional, identificadoras de um trabalho *de boa qualidade*. Como o conceito de qualidade também é polissêmico, procurei explicitar a que qualidade me refiro, ao incorporá-la na noção de competência. Para isso, aponto as dimensões da competência profissional:

— a dimensão *técnica*, que diz respeito ao domínio dos saberes (conteúdos e técnicas) necessários para a intervenção em cada área específica de trabalho e à habilidade de construí-los e reconstruí-los;

— a dimensão *estética*, que diz respeito à tomada de consciência do aspecto relacional do trabalho e à presença da sensibilidade no âmbito do trabalho e sua orientação numa perspectiva criadora;

— a dimensão *política*, que diz respeito à consciência e à definição da participação na construção coletiva da sociedade e ao exercício de direitos e deveres;

— a dimensão *ética*, que diz respeito à orientação da ação, fundada nos princípios do respeito, da solidariedade e da justiça, na direção da realização de um bem coletivo.

A competência guarda o sentido de *saber fazer bem o dever*. Na verdade, ela se refere sempre a um *fazer*, uma vez que ela se revela na *ação* — é na prática do profissional que se mostram suas capacidades, que se exercitam suas possibilidades, que se atualizam suas potencialidades. É no fazer que se revela o domínio dos saberes e o compromisso com o que é necessário, concretamente, e que se qualifica como bom — por que e para quem. Assim, a dimensão técnica é *suporte* da ação competente. Sua significação, entretanto, é garantida somente na articulação com as demais dimensões — não é qualquer fazer que pode ser chamado de competente. Há que verificar a *qualidade* do saber e a direção do poder e do querer que lhe dão consistência. É por isso que se fala em *saber fazer bem*. E é importante considerar-se o saber, o fazer e o dever como elementos historicamente situados, construídos pelos sujeitos em sua práxis.

A referência ao bem comum, garantida pela presença da ética — que chamo de dimensão *fundante* da competência — e articulada aos elementos constitutivos da técnica, da estética e da política, conduz à definição da competência como *conjunto de saberes e fazeres de boa qualidade*.

Quando se afirma que o trabalho competente é um trabalho de boa qualidade, faz-se necessariamente uma articulação do conceito de competência com o de qualidade. Vale, entretanto, jogar luz sobre o adjetivo "boa", que "qualifica a qualidade" relacionada à competência. Ele é essencial nessa relação.

Constatamos que, no cotidiano, o termo qualidade carrega em sua compreensão uma ideia de algo bom. Isso nos permite entender por que encontramos referência a um "trabalho de qualidade" ou uma "educação de qualidade", como sinônimos de bom trabalho, de boa educação.

O conceito de qualidade é um conceito totalizante, abarcante, multidimensional. É social e historicamente determinado, tem a ver com uma realidade específica, de um contexto concreto. Portanto, também o seu uso reclama uma consideração de todos esses aspectos. Pablo Gentili faz referência à necessidade de superar uma "retórica da qualidade" (Gentili, 1995, p. 116), que se apoia, em princípio, no modelo da Qualidade Total, de caráter efetivamente tecnicista, orientador de várias propostas de formação e de prática profissional.

Por que acrescentar à qualidade, vista de maneira crítica, o adjetivo "boa"?

Segundo Aristóteles, a qualidade é uma categoria, algo que está presente em todos os seres e indica o que eles são ou como estão. Não há *ser "sem qualidades"*. "Branco", "sólido", "inútil", "preguiçoso" são qualidades dos seres.

Quando dizemos, então, que queremos um trabalho "de qualidade", temos que indagar: de que qualidade? Pois todo trabalho é de qualidade, tem qualidades. Se queremos um trabalho de boa qualidade, temos a necessidade de indagar sobre o que se qualifica como bom, o que tem um *valor* positivo.

Os valores são históricos, portanto o que se qualifica como bom é, na verdade, extremamente variável nas inúmeras sociedades e culturas. Por isso mesmo, é preciso perguntar criticamente: De qual trabalho, de qual educação se fala, quando se faz referência a um trabalho ou a uma educação de boa qualidade? Ou: que qualidades têm o trabalho ou a educação que queremos?

É por essa razão que ao definir a competência, explicitando suas dimensões, refiro-me a um conjunto de características indicadoras do trabalho de boa qualidade. E menciono *um conjunto* de qualidades estreitamente articuladas, e não de competências — não se pode dizer que "o trabalho competente é a reunião de várias competências", o que seria logicamente inadequado.

Ramos afirma, a propósito da qualificação, aquilo que venho explorando em relação à competência. Diz que nenhuma das dimensões da qualificação pode ser tomada isoladamente, nem a qualificação pode se reduzir a uma ou alguma dessas dimensões.

> O conceito de qualificação exige que se enfoque o sujeito face à objetividade das relações sociais em que está inserido. Assim, a qualificação depende tanto das condições efetivas de trabalho quanto da disposição subjetiva por meio da qual os trabalhadores coletivos, como sujeitos ativos, constroem e reconstroem sua profissionalidade. A qualificação individual é, ao mesmo tempo, pressuposto e resultado de um processo de qualificação coletiva, processo este dado pelas condições na organização da produção social. O grau de complexidade em que se expressa a qualificação individual depende das possibilidades de potenciação dos tipos de trabalho conhecidos na sociedade. É por esse motivo que a qualificação do trabalhador não pode ser considerada somente a efetivação prática das competências individuais (2001, p. 54).

Para Ramos (2001, p. 159), a noção de competência carrega uma conotação individual e tende, então, a despolitizar as relações sociais tecidas no trabalho. É importante articular essa ideia com o que viemos explorando. A referência ao desenvolvimento de competências corre o risco de despolitizar a formação e a prática e, ainda que mencionando o trabalho em equipe, ressaltar o aspecto individual daquela formação. É importante, portanto, afastar do conceito de competência uma compreensão ideologizante, que parece ensejar um novo tecnicismo, retornando a "palavras de ordem" para falar do trabalho pedagógico.

Verificamos que, usado no plural, o termo algumas vezes *toma o lugar* de "saberes", "habilidades", "capacidades", que designam elementos que devem estar presentes na formação e na prática dos profissionais. Muitas vezes, afirma-se que um termo é mais apropriado que outro para se referir a um determinado objeto e, então, substitui-se o termo por um já em uso, ou cria-se um novo termo. Cabe-nos indagar, então: Será que os termos "conhecimentos", "capacidade", "habilidades", "atitudes", "qualificação" já não dão conta de expressar o que antes expressavam?

Julgo que a substituição dos termos não se dá em virtude de um esgotamento de sua significação. Ela é indicativa de um movimento que se dá no interior tanto da reflexão quanto da prática educativa e profissional. Portanto, temos que estar atentos à direção desse movimento.

Acredito que só mesmo uma atitude crítica pode nos ajudar a ver de maneira mais abrangente. Meu intuito não é o de me contrapor, pura e simplesmente, à utilização do termo "competências", indicando sua inadequação. Na verdade, a referência às competências, no âmbito das propostas de alguns teóricos, parece indicar um movimento no sentido de dar maior flexibilidade à formação, rompendo com modelos fechados de saberes e disciplinas, como se dá, por exemplo, no campo da educação escolar. Penso que está presente no recurso à ideia de "desenvolver competências" algo que pode ter um caráter positivo, na medida em que se procura trazer um dinamismo à ação educadora, ao se apontar para uma "mobilização de saberes".

Entretanto, se a proposta é apropriada de maneira irrefletida, atendendo somente a um apelo da moda, corre-se o risco de apenas se substituírem as palavras e efetivamente não se transformar a ação, manter-se o discurso, sem que se alterem efetivamente as práticas. Onde antes tínhamos saberes, capacidades, habilidades, hoje temos competências. Portanto, é preciso uma vigilância crítica para enfrentar o grande desafio que é o de construir um espaço de ampliação e aprofundamento dos saberes, articulados aos sentires, quereres, etc. e caminhar na direção de um trabalho da melhor qualidade. Dolz e Ollagnier (2004, p. 13), procurando responder à pergunta "A noção de competência: necessidade ou moda pedagógica?", afirmam que

[...] a problemática das competências representa uma verdadeira virada na maneira de pensar a preparação das novas gerações a fim de que elas sejam mais eficazes para enfrentar as dificuldades da vida e da sociedade. Entretanto, essa maneira de pensar pode criar a ilusão, nas instituições educativas, de que elas se abriram de forma eficaz para a cidadania, de que levam em conta a pessoa e seu futuro em suas aprendizagens.

Na referência à relação entre competências e cidadania encontra-se uma questão que ainda está por ser explorada: Será que podemos falar numa "cidadania competente"? Se nos colocamos na perspectiva da "formação por competências", talvez já tenhamos uma resposta imediata — basta buscar a lista das "competências necessárias à formação do cidadão". Ou procurarmos definir que tipo de saberes e capacidades deve "ser mobilizado" para que tenhamos o exercício da cidadania.

Essas considerações levam-me a reconhecer que o conceito de competência que tenho usado tem uma extensão menor do que aquela com que ele é usado na maioria das propostas de formação. Esse conceito traz em seu interior, de certa forma, a referência ao campo *profissional*. Não afirmo que há pais ou mães competentes, que há amigos ou namorados competentes. Embora pais, mães, amigos, namorados desempenhem papéis "estipulados" de certa forma para eles na sociedade e, para desempenhá-los, devam mobilizar certos saberes e capacidades, o adjetivo "competente" não parece o mais adequado para indicar um bom desempenho, tal como é desejável.

De certa forma, acontece o mesmo com relação à cidadania. Soa estranho falar em uma "cidadania competente", mesmo despojando do conceito de competência a marca ideológica do tecnicismo. A cidadania, entendida do ponto de vista da ética, como participação ativa e consciente na construção da sociedade e como exercício pleno de direitos, parece prescindir de adjetivos. Queremos que os profissionais exerçam seu papel de cidadãos, mas não equiparamos a cidadania a uma profissão. A formação do cidadão se dá na formação do profissional, sem dúvida. O exercício da cidadania — na articulação de direitos e deveres — não se faz "à moda profissional", embora se deva reconhecer que o profissional competente, de acordo com a minha formulação/proposição, tem melhores condições de exercer seu papel de cidadão.

Percebo o alerta para o perigo que essas considerações correm. Se a noção de competência fica restrita ao campo profissional será porque ela parece adequar-se mais a ele, e então terão razão aqueles que apontam seu uso como ideológico e perverso, na medida em que é no mundo do trabalho que se revelam de modo mais agudo as contradições do sistema capitalista e do pensamento neoliberal.

Há a possibilidade de uma contra-argumentação: se os professores são profissionais — e é assim que querem ser considerados e assim que reivindicam seus direitos — é realizando um trabalho competente, no sentido em que procuro utilizar, que terão condições para transformar o sistema e criar uma contraideologia.

Fiz referência a um certo uso indevido das palavras e também à dificuldade de falar em um "sentido verdadeiro" delas. Nesse sentido, a etimologia é um auxiliar precioso. Lá na origem quem sabe esteja a "verdade", apesar das transformações... Pois bem, etimologicamente, a palavra competência significa "buscar junto com outros". Ela vem de com + *petere*, pedir, procurar algo. Daí se origina, mais tarde, competição, e então o "com", de companhia, tem, de certa forma, seu sentido alterado.

É no sentido originário que se sustenta a noção de competência com que procuro fazer frente à concepção tecnicista, uma vez que, da maneira como ela se apresenta, somos levados a afirmar, em primeiro lugar, que a competência *não é algo estático*, definido de uma vez por todas por um único indivíduo, um único grupo, e, a seguir, que ela *não é algo isolado* — ninguém é competente sozinho.

Não há um modelo rígido de competência — ela vai-se construindo na ação dos indivíduos, levando-se em conta as necessidades concretas, de caráter histórico, desses indivíduos e dos grupos que eles constituem na sociedade. É por isso que é possível questionar algumas imposições que desconsideram aquelas condições. E como a competência diz respeito às condições, não só dos profissionais, individualmente, mas também daqueles com os quais se relacionam e das circunstâncias em que desenvolvem sua prática, não se pode atribuir a responsabilidade pela qualidade do trabalho apenas aos trabalhadores, isoladamente.

Isso leva à necessidade de, para além do discurso, se empreenderem esforços, tanto dos governantes e dos empresários quanto dos trabalhadores (dos professores, quando se trata desses profissionais), dos sindicatos que os representam, para que se ampliem as possibilidades de melhoria da qualidade do trabalho.

Vale ampliar e aprofundar a discussão, reiterando que não se trata de estabelecer uma "briga" semântica, uma "guerra de palavras". O debate terá significado se a partir dele pudermos olhar de maneira crítica os fenômenos, as práticas, para intervir, transformar e fazê-los ir ao encontro da sociedade mais democrática e mais justa de que necessitamos e a que temos direito.

Referências bibliográficas

BRANDÃO, Carlos Rodrigues. Refletir, discutir, propor: as dimensões de militância intelectual que há no educador. In: _____ (Org.). *O educador*: vida e morte. Rio de Janeiro: Graal, 1982.

CHAUI, Marilena. O discurso competente. In: *Cultura e democracia*: o discurso competente e outras falas. 11. ed. São Paulo: Cortez, 2006. p. 15-25.

DOLZ, Joaquim; OLLAGNIER, Edmée (Org.). *O enigma da competência em educação*. Porto Alegre: Artmed, 2004.

GALEANO, Eduardo. Em defesa da palavra. In: *Vozes & crônicas*: "Che" e outras histórias. São Paulo: Global/Versus, 1978. p. 13-23.

GENTILI, Pablo A. O discurso da "qualidade" como nova retórica conservadora no campo educacional. In: GENTILI, Pablo A.; SILVA, Tomaz T. (Org.). *Neoliberalismo, qualidade total e educação*. 2. ed. Petrópolis: Vozes, 1995. p. 111-177.

_____; SILVA, Tomaz T. (Org.). *Neoliberalismo, qualidade total e educação*. 2. ed. Petrópolis: Vozes, 1995.

HIRATA, Helena. Entre trabalho e organização, a competência. Prefácio à edição brasileira de ZARIFIAN, Philippe. *Objetivo competência*: por uma nova lógica. São Paulo: Atlas, 2001. p. 13-16.

NEVES, Lúcia Maria Wanderley (Org.). *A nova pedagogia da hegemonia*: estratégias do capital para educar o consenso. São Paulo: Xamã, 2005.

RAMOS, Marise Nogueira. *A pedagogia das competências*: autonomia ou adaptação? São Paulo: Cortez, 2001.

RIOS, Terezinha A. *Ética e competência*. São Paulo: Cortez, 1993.

_____. *Compreender e ensinar*: por uma docência da melhor qualidade. São Paulo: Cortez, 2001.

_____. Competência ou competências? O novo e original na formação de professores. In: ROSA, Dalva E. Gonçalves; SOUZA, Vanilton Camilo de (Org.). *Didática e práticas de ensino*: interfaces com diferentes saberes e lugares formativos. Rio de Janeiro: DP&A, 2002. p. 154-172.

SANTOS, Boaventura de Sousa. *Um discurso sobre as ciências*. Lisboa: Edições Afrontamento, 1996.

TRABALHO, FORMAÇÃO DOCENTE E A NOÇÃO DE COMPETÊNCIAS:
um diálogo com a sociologia do trabalho

Wanderson Ferreira Alves

Introdução

O presente texto tem o propósito de discutir a formação e o trabalho dos professores frente à noção de competências. Noção que passa a permear o campo educacional e o discurso empresarial brasileiro ao final do século XX, a formação e a gestão por competências se apresenta como uma questão bastante controversa. Rapidamente acolhida por alguns ou refutada por outros, a noção de competências não parece ser algo meramente passageiro, espécie de novidade do mercado, suas raízes estruturais vincadas pelas mudanças contemporâneas do capitalismo insinuam importância suficiente para que seja avaliada seriamente em suas contradições, limites e possibilidades. Esta é uma tarefa já iniciada por alguns estudiosos da área da educação. As reflexões que aqui apresento são uma contribuição ao debate. O objetivo do texto é problematizar a apropriação da noção de competências profissionais no contexto educacional brasileiro e estruturar uma crítica que permita evidenciar alguns "pontos cegos" no âmbito do referido debate. Compreender onde houve avanço e onde restaram lacunas é condição fundamental para o avanço das discussões, o diálogo com as disciplinas que estudam o trabalho pode ser nesse ponto algo bastante fértil.

O texto a seguir está organizado em quatro seções. Na primeira, apresento algumas das interpretações correntes entre os educadores brasileiros em relação à noção de competências. Na segunda, procuro explicitar alguns dos avanços, impasses, e mesmo insuficiências no desenvolvimento dessas análises comumente efetuadas sobre a noção de competências. Desta crítica deriva a terceira seção do texto que tem como eixo central as contribuições da Sociologia do Trabalho, ocasião em que retomo a noção de qualificação profissional como relação social de P. Naville. Na última seção, finalizando o texto, sintetizo um pouco do que foi discutido e sinalizo as dificuldades de se pensar o trabalho humano em uma realidade social cada vez mais complexa e contraditória.

Breve incursão pelo campo educacional brasileiro

No campo educacional brasileiro o termo "competência", com fins de marcar atributos que os professores deveriam possuir, não é sem precedentes antes da década de 90. No início dos anos 80 a obra de Mello (1982), *Magistério de 1º grau: da competência técnica ao compromisso político*, já argumentava pela primazia da competência técnica como mediação rumo à dimensão política da prática educativa. A obra em questão foi não somente muito conhecida, como também foi alvo de polêmicas, como relata Dermeval Saviani em um texto originalmente publicado em 1983 e que tem por objeto o debate que se instalou entre Guiomar N. de Mello e Paolo Nosella, ambos seus alunos do curso de Doutorado em Educação da Pontifícia Universidade Católica de São Paulo (PUC-SP). No referido texto, Saviani examina os termos do debate e conclui tentando uma saída dialética para os impasses, repondo os fins como fundamento do projeto educativo e demandando a constituição de uma *competência técnico-política.*[1] Se a questão posta nesses debates tomava a competência no quadro das mediações entre as dimensões técnica e política no ensino, nos anos 1990 outras acepções ganham espaço. Como veremos, elas se referenciavam em um quadro bem distinto.

A partir dos anos 90 os pesquisadores brasileiros que desenvolvem seus estudos no âmbito das questões relativas ao trabalho docente e a formação de professores têm sido desafiados a levar adiante suas investigações no quadro das profundas transformações sociais, científicas e econômicas da contemporaneidade. Desemprego, avanço tecnológico, apelos em favor da elevação do nível de escolaridade etc., enfim, a realidade parece mais complexa, as questões mais intrincadas e as respostas mais difíceis.[2] Era preciso entender melhor o que ocorria e ao fazerem isso os pesquisadores se encontraram frente a uma noção então em voga no âmbito das empresas e que se apresentava como a face "moderna" da gestão da força de trabalho. Estavam diante, pois, da noção de competências. As reações dos pesquisadores brasileiros frente à referida noção foram várias. Em seus estudos alguns a endossaram, concebendo-a, em larga medida, como um avanço. A noção de competências passou inclusive a compor os documentos oficiais do Ministério da Educação (MEC) que a adota como eixo norteador da formação docente no Brasil.

Mas a noção de competências esteve longe de lograr unanimidade. Parte dos pesquisadores brasileiros tem suas bases teórico-epistemológicas fundadas em uma tradição crítica de compreensão da relação entre

---

1. O texto a que faço menção é *Competência política e compromisso técnico (O pomo da discórdia e o fruto proibido)*. No livro *Pedagogia histórico-crítica: primeiras aproximações*, Saviani (1997) agrupa textos publicados em diversas revistas e comunicações apresentadas em eventos acadêmicos. O leitor encontrará nessa obra uma boa síntese do debate entre Guiomar N. de Mello e Paolo Nosella, como também uma perspectiva panorâmica sobre o sentido da discussão pedagógica presente no Brasil dos anos 80.

2. Ferretti (2004) explica que as acentuadas mudanças no campo do trabalho aparecem no âmbito internacional ainda nos anos 70, mas que no Brasil essas mudanças são percebidas mais claramente somente nos anos 90. Todavia, faz uma ressalva: os setores ligados à formação profissional, como o "Sistema S" [Sesi, Senai, Sesc, Senac] repercutiram essas mudanças ainda nos anos de 1980, antecipando assim ao movimento dos educadores que somente no momento seguinte foram instados a se apropriarem do debate sobre a qualificação profissional como categoria teórica e campo de estudos (Ferretti, 2004, p. 407 e ss.).

educação e sociedade e não tardaram a ver com muita desconfiança o que se avizinhava. A noção de competências profissionais foi então objeto de severas críticas que, no geral, imputavam a ela mistificação e elevação da exploração capitalista. Todavia, é possível fazer algumas distinções entre os estudiosos que abordam criticamente a noção de competências. É que para alguns autores a noção de competências não se apresenta como uma noção regressiva por definição, algo negativo em si. Esses autores buscaram desenvolver uma perspectiva mais matizada e que pudesse conferir outros sentidos à referida noção ou mesmo explorar as contradições presentes em seu interior.

A passagem por alguns trabalhos apresentados em eventos de reconhecida importância, como as reuniões anuais da Associação Nacional de Pós-graduação e Pesquisa em Educação (ANPEd), e a consideração de algumas publicações nacionais de grande circulação permitem uma aproximação a esses modos de se conceber a noção de competências. Senão vejamos.

Um novo e adequado modelo de gestão e formação

Frente aos desafios de um mundo tecnológico e globalizado, os países precisam fortalecer seus sistemas educativos tendo em vista a "moderna cidadania" que demanda dos indivíduos uma escolarização geral e básica que possibilite a aprendizagem de conteúdos fundamentais e habilidades requeridas pelo novo padrão de organização da produção. A "substituição da divisão taylorista das tarefas" sinalizaria, segundo essas teses, a intelectualização do processo produtivo. Este é um dos eixos centrais dos argumentos de Mello (2005) nos anos 90 e que, como sugere o próprio título da obra em questão, propõe um projeto que articule *Cidadania e competitividade*.

> A aceleração da automação e a disseminação dos instrumentos de informação e comunicação afetam não apenas o processo produtivo, como as formas organizacionais a ele associadas, abrangendo a concepção de bens e serviços, as relações e formas de gerenciamento do trabalho. Estas apontam para a

substituição da divisão taylorista de tarefas por atividades integradas, realizadas em equipe ou individualmente, que exigem visão de conjunto, autonomia, iniciativa, capacidade de resolver problemas, flexibilidade [...]. Tecnologias que trazem embutidas não apenas funções manuais do ser humano, mas também as intelectuais, requerem — contraditoriamente à falsa ideia de substituição do homem pela máquina — maior presença e competência das pessoas para exercerem funções de regulação superior [...]. Essa tendência ocorre tanto no setor de produção de bens manufaturados como no de serviços (Mello, 2005, p. 33).

Nesses termos, segundo Mello, a escola deve propiciar a aquisição de habilidades cognitivas (pensamento analítico e abstrato, flexibilidade de raciocínio frente a situações novas etc.), mas não apenas, pois os desafios do mundo atual exigiriam "a formação de competências sociais, como liderança, iniciativa, capacidade de tomar decisões, autonomia no trabalho, habilidade de comunicação [...]" (Mello, 2005, p. 34). No desdobramento de sua proposta, a autora delineia todo um processo de descentralização da gestão e responsabilização da instituição escolar, tendo em vista o aprimoramento da gestão de pessoal (admissão, dispensa e avaliação de desempenho docente) e uma maior eficácia do sistema de prestação de contas dos recursos recebidos, tudo isso objetivando à elevação do êxito escolar dos alunos. Como é possível depreender, os princípios que norteiam o pensamento de Mello sobre a relação entre Educação, Estado e sociedade coadunam com o ideário da política educacional brasileira dos anos de 1990. Não se trata de mera coincidência, a autora não somente integrou a equipe do MEC, mas também exerceu protagonismo no debate sobre a formação de professores, como evidenciou Freitas (2002) ao identificar que muitos dos fundamentos presentes nas diretrizes para a formação de professores (como a noção de competências) já estavam presentes nas discussões coordenadas por Mello no âmbito interno do MEC. Se a tendência do debate sobre a formação docente era essa, não causa estranheza que a Resolução CNE/CP n. 01/2002, ao instituir as *Diretrizes Curriculares para a Formação de Professores da Educação Básica*, estabeleça em seu art. 3º que se considere "a competência como concepção nuclear do curso" e que no art. 8º se defina que "As competências profissionais a serem constituídas pelos professores em formação, de acordo com as presentes Diretrizes, devem ser a referência para todas as formas de avaliação dos cursos [...]".

Para além da formação de professores, a noção de competências na política educacional brasileira permeou também outras instâncias, como a reforma curricular e os Parâmetros Curriculares Nacionais para o Ensino Médio (PCNEM).[3] As justificativas para as mudanças no Ensino Médio podem, emblematicamente, ser acompanhadas na apresentação que o então Secretário de Educação Média e Tecnológica do MEC, Ruy Leite Berger Filho, faz dos PCNs do Ensino Médio: o mundo está em transformação ("mudanças na produção de bens, serviços...") e a escola precisa acompanhá-lo. Em suas palavras:

> O Ensino Médio no Brasil está mudando. A consolidação do Estado democrático, as novas tecnologias e as mudanças na produção de bens, serviços e conhecimentos exigem que a escola possibilite aos alunos integrarem-se ao mundo contemporâneo nas dimensões fundamentais da cidadania e do trabalho.
> Partindo de princípios definidos na LDB, o Ministério da Educação, num trabalho conjunto com educadores de todo o País, chegou a um novo perfil para o currículo, apoiado em competências básicas para a inserção de nossos jovens na vida adulta (Berger Filho, 1999, p. 13).

Formar por competências e avaliar competências, eis a trilha aberta por determinados segmentos da intelectualidade brasileira e pela política educacional ao final do século XX. Essas iniciativas, todavia, encontraram também seus críticos.

Mistificação e aumento do controle sobre os trabalhadores

Muitos estudiosos do campo da educação, mesmo que não se propondo a tratar especificamente do tema das competências, se viram

---

3. Uma boa análise a respeito das Diretrizes Curriculares Nacionais para o Ensino Médio e seu processo de elaboração pode ser vista em Zibas (2001).

obrigados no curso de suas investigações a passar por ele (cf. Campos, 2002; Facci, 2004; Araújo, 1999; Freitas, 2002; Dambiski, 2006; entre outros). Munidos de uma fundamentação teórica crítica, apontaram que a noção de qualificação profissional vem sendo substituída e que o processo produtivo da atualidade exige um outro tipo de trabalhador (um trabalhador polivalente, com capacidade de abstração, com iniciativa e que se adapte às diversas situações do novo modo de organização da produção etc.), tendo aí lugar a formação de competências. A formação de professores não escaparia a essa mesma lógica. Assim, a formação docente orientada pela noção de competências constituiria professores "preparados para contribuir com o ajuste da educação às exigências do capital" (Facci, 2004, p. 68). Mas não somente isso. O que os autores apontam é que com a noção de competências a formação docente se degrada frente à emergência de um tecnicismo de novo tipo, que "visa formar um profissional tecnicamente competente, mas politicamente inoperante, disciplinado, adaptado" (Dambiski, 2006, p. 10). Em meio a inúmeras e marcantes críticas à noção de competências na formação docente e no mundo do trabalho, o problema do sistema de avaliação do exercício profissional também foi abordado. Este é o conteúdo das reflexões apresentadas por Freitas (2002). Vejamos isso mais pausadamente.

Freitas (2002) discute as implicações e o modo como o que ela denomina de "pedagogia das competências" vem se impondo como referência para a política educacional no que se refere à profissionalização, à formação e à avaliação docente. A autora indica que os sofríveis resultados apresentados pelo ensino brasileiro diante da divulgação de macroavaliações, tais como as do Sistema de Avaliação da Educação Básica (SAEB) e o Exame Nacional do Ensino Médio (ENEM), têm servido para culpabilizar os professores pelo fracasso das crianças e jovens. Nessa situação, alguns Estados passaram a implementar políticas que "visam premiar os professores pelo desempenho de seus alunos no SAEB, vinculando a avaliação dos professores e provavelmente sua ascensão na carreira ao desempenho dos estudantes no sistema de avaliação escolar" (p. 44). No Ceará, exemplifica, a avaliação diferenciada de crianças com defasagem entre idade e série resultou em pagamento aos professores de acordo com seu desempenho. Na sequência de sua crítica, a autora conclui pela estreita relação entre avaliação, profissionalização e a noção de competências.

A temática da avaliação aproxima-se, portanto, de forma bastante estreita, da temática da profissionalização do magistério e da formação docente, nesse aspecto em particular, pela noção de competências, incorporada ao discurso oficial das novas políticas educacionais (Freitas, 2002, p. 44).

As preocupações da autora se referem aos riscos de precarização, controle e individualização da carreira docente em um contexto em que tanto as Diretrizes para a formação dos docentes como o modelo de sua avaliação fundamentam-se na noção de competências, por isso vê com muitas reservas a instituição de um Sistema Nacional de Certificação de Competências, como o sinalizado no art. 16 da Resolução CNE/CP n. 01/2002. Segundo Freitas:

> Esse sistema pretende ser um tipo de exame nacional para os professores em exercício, com o objetivo de avaliar se possuem ou não as condições para continuar exercendo a profissão. Caso sua competência para o trabalho docente não seja "adequada", poderá ter seu exercício profissional suspenso, até que, aprimorando-se, possa passar por novo exame. Nas condições atuais do exercício do magistério, essa proposta aprofundará o quadro perverso caracterizado pela ausência de políticas de valorização e de formação continuada, pelas péssimas condições de funcionamento da maioria das escolas públicas e pela redução dos recursos públicos para o aprimoramento do processo educativo [...]. Os currículos sendo definidos por competências, será, do ponto de vista dessas concepções, muito mais razoável pensar em provas e em exames que possam avaliar tais competências (Idem, ibidem, p. 46).

Argumenta ainda que esse processo em curso parece renovar uma concepção técnica de ensino pela promoção de uma formação meramente instrumental. Da qualificação à competência teria lugar o estreitamento da concepção de docência. Isto porque, segundo a autora,

> a adoção do modelo de competências contrapõe a *qualificação profissional* — o domínio de um corpo de conhecimentos teóricos e epistemológicos da

área de educação que tem seu campo e estatuto científico próprio — ao *modelo de competências* que, no documento das Diretrizes está reduzido a uma lista de desempenhos e ao "saber-fazer" (Idem, ibidem, p. 57, grifos da autora).

Mas a noção de competências não foi somente vista em sua negatividade, outros autores tentaram estruturar uma análise mais nuançada e que pudesse de alguma forma dar conta das contradições inerentes a um tema tão complexo. É isso que comento a seguir.

Explorando as contradições

Uma terceira postura que os autores tiveram frente à noção de competências foi a de observar criticamente as ambiguidades e as tensões provocadas por sua emergência. Essa perspectiva, dialética em sentido rigoroso, aparece entre diversos estudiosos (cf. Machado, 1998; Rios, 2006; Cunha, 2005; Ramos, 2002; Bruno, 1996; entre outros). A título de exemplo, é possível citar a pesquisa desenvolvida por Ramos (2002). Um trabalho de grande envergadura e que é emblemático de uma perspectiva mais nuançada no debate sobre as competências profissionais.

Na pesquisa desenvolvida por Ramos (2002), a noção de competências aparece como um "deslocamento conceitual" no quadro do debate sobre a qualificação profissional. Tendo por base as proposições de Y. Schwartz sobre as dimensões da qualificação (cf. a última seção), Ramos aponta que está em curso um movimento de reafirmação e negação da qualificação profissional. Reafirmação porque o mundo da produção na contemporaneidade demandaria atributos que antes não eram demandados, os apelos à subjetividade e à afetividade do trabalhador se enlaçam com a noção de competências. Negação porque essa valorização da subjetividade e da afetividade se processa dentro de um contexto em que outros aspectos que compõem a qualificação perdem espaço. Os saberes formais sofreriam um recuo ao passo que arrefecem seu reconhecimento social materializado no diploma e em regras coletivas de negociação de contrato e carreira. Assim, a noção de competências deslocaria o quadro em que até então as relações sociais estavam assentadas.

> A dimensão social coloca a qualificação no âmbito das relações sociais que se estabelecem entre os conteúdos das atividades e o reconhecimento social dessas atividades. A relação entre os registros conceituais das atividades profissionais formalizados por meio de títulos e diplomas reconhecidos socialmente e a inserção profissional fazia da qualificação um código de comunicação entre categorias profissionais e empregadores. Com base nesse código construíam-se normas e regras de acesso e permanência no emprego, carreira e remuneração. À medida que essa relação se dissolve, é a competência que passa a ser esse código. Com isto, as negociações e os contratos que se baseavam em normas e regras pactuadas e aplicadas coletivamente passam a se processar com base em normas e regras que, mesmo pactuadas coletivamente, aplicam-se individualmente (Ramos, 2002, p. 282-283).

Na crítica apresentada pela autora, as competências profissionais são colocadas sobre outra base, uma concepção sócio-histórica de ser humano e de educação permite ir além de uma competência empobrecida. A competência não precisa ser meramente vinculada ao ajustamento e à adaptação do trabalhador.

> Assim compreendida a formação humana, não se pode conceber a educação como forma de propiciar às crianças, aos jovens e aos adultos da classe trabalhadora melhores condições de adaptação ao meio. Conquanto a educação contribua com uma certa conformação do homem à realidade material e social que ele enfrenta, ela deve possibilitar a compreensão dessa mesma realidade com o fim de dominá-la e transformá-la. Desenvolver competências dos trabalhadores por essa ótica, exige, pelo menos: a) compreender as experiências de vida, sabendo-se que na sociedade capitalista o trabalho, como categoria ontológica, toma a forma específica de mercadoria, ao mesmo tempo que produz riqueza social; b) que a integração da experiência de vida com a experiência escolar ocorre para a classe trabalhadora e para a classe dirigente; c) promover a observação do real, captando o fenômeno imediatamente percebido e procurando captar e compreender sua essência;

d) partir do senso comum dos trabalhadores e de suas experiências mais imediatas, visando superar o senso comum por uma visão de mundo unitária e compreendendo que essas experiências são historicamente determinadas pela condição de classe (Idem, ibidem, p. 298).

E complementa:

As competências que se desenvolvem na escola unitária [a autora faz referência a A. Gramsci] não são mecanismo de adaptação à realidade dada, mas são construções intelectuais elevadas que possibilitem à classe trabalhadora ser classe dirigente (p. 299).

Nesses termos, conclui afirmando a importância de se ressignificar a noção de competência e subordiná-la à noção de qualificação como relação social. Ramos conhece a literatura sociológica que aborda o problema da qualificação e sabe que essa é uma discussão difícil.

Esse cuidado na compreensão do sentido e do significado do que se compreende por competências, por profissional competente, por formação de competências etc., não é encontrado apenas na pesquisa anteriormente comentada. Alguns estudiosos, a partir de outros pontos de vista, também foram atentos às contradições a serem exploradas nessa discussão. Assim, ao examinar as políticas emanadas do MEC para a reforma curricular do Ensino Médio, Machado (1998) apresenta não somente os riscos presentes na ascensão da noção de competências, mas também a potência de transgressão imanente ao trabalho humano, é que "ser competente representa também saber transgredir" (p. 93). Do mesmo modo, Rios (2006) não se exime de discutir a formação docente em termos de competências, mas a situa em direção a um outro projeto, um projeto mais amplo de formação humana, bem distante das exigências meramente mercantis. Seu argumento é que a competência é "saber fazer bem o dever", mais especificamente, a atribuição de competência a um professor se faz então pelo que ele manifesta na ação e pela articulação das propriedades que compõem a competência (técnico, político, ético e estético) em sua prática educativa. Para a autora, "o conceito de competência vai sendo construído, a partir mesmo da práxis, do agir concreto e situado dos sujeitos", daí a relevância da formação contínua para os professores, afinal, "A competência não é algo que se adquire de uma vez por todas, pois *vamos nos tornando competentes*" (Rios, 2006, p. 90, grifos da autora).

Tendo apresentado, ainda que de modo muito sucinto e parcial, algumas das interpretações efetuadas pelos educadores brasileiros em relação à noção de competências, é importante agora apresentar alguns dos "pontos cegos" no âmbito dessa discussão. Vejamos então.

Das interrogações e dos impasses

A noção de competências está longe de guardar unanimidade entre os estudiosos da área da educação. Encantamento em relação ao novo, como em Mello (2005), crítica impiedosa a uma concepção ideologizante, como em Freitas (2002), possibilidades na contradição, como em Machado (1998), os pontos de vista são vários e não parece existir modo único de se referir às competências profissionais. De todo modo é curioso como o discurso das competências foi rapidamente incorporado na literatura acadêmica e nos documentos oficiais que normatizam a formação docente. No seio de toda essa discussão até aqui apresentada, três pontos, pela natureza fundamental das indagações que levantam, podem ser destacados. Eles ajudam no entendimento dos rumos que o debate sobre a noção de competências tomou no contexto brasileiro.

O primeiro ponto diz respeito a uma espécie de banalização que as palavras repetidas incessantemente tendem a sofrer, pois que de tão "conhecidas" elas derivam em direção à obscuridade. Formar por competências, desenvolver competências, gestão de competências... as palavras parecem não problemáticas e se é assim carece de sentido que sejam postas em exame. Temos de nos perguntar se estamos conseguindo delinear os contornos desse fenômeno social que parece estreitar os laços entre a formação e o mercado de trabalho ou se, pelo contrário, a crítica tem sido rasa demais, deixando de interpelar a efetividade e as possibilidades dessas propostas de formação e gestão do trabalho humano.

O segundo ponto se refere à compreensão do que representam as mudanças do processo de trabalho no capitalismo. Seguindo o raciocínio de alguns estudiosos do trabalho, por exemplo Antunes (2001), é possível que estejamos diante de mutações que não somente precarizam os trabalhadores, mas que também se estendem ao domínio de sua subjetividade, requisitando uma maior aderência aos valores da empresa no contexto de um mundo cada vez mais fetichizado. Para outros, por exemplo Markert (2000), as trilhas abertas pela produção capitalista contemporânea trazem em seu interior as condições, embora por um processo eivado de contradições, de que os trabalhadores desenvolvam suas potencialidades, pois que as novas exigências da produção valorizariam a "competência técnica" e a "competência comunicativa" dos indivíduos. Como é possível perceber, escapar de uma interpretação simplificadora do tipo que concebe toda modificação do processo de trabalho como mero incremento da exploração capitalista não é tarefa fácil, embora seja de imperativa necessidade.

O terceiro ponto nos remete a um problema de natureza teórica em relação às investigações efetuadas pelos estudiosos do campo da educação no Brasil. Como se sabe, a compreensão que se tem sobre um determinado tema interfere na maneira como ele será interpretado ou, de outro modo, a visada do pesquisador está intimamente ligada às bases teóricas que sustentam a sua compreensão do objeto. Se é assim, impõe questionar com quais ferramentas teóricas e metodológicas os autores brasileiros se debruçaram sobre a noção de competências e as questões a ela atinentes. As reflexões desenvolvidas por C. Ferretti são nesse ponto esclarecedoras.

Em um estudo sobre a apropriação da noção de qualificação profissional entre os pesquisadores brasileiros, Ferretti (2004) destaca que os educadores tenderam a abordar as relações entre educação e trabalho a partir de duas perspectivas: a primeira, mais próxima dos setores ligados à produção, alicerçou a política e as propostas de formação profissional objetivando responder às demandas oriundas das mudanças técnico-organizacionais do trabalho; a segunda, fundamentada no marxismo, buscou problematizar não somente a formação profissional, mas também tomar a formação humana em sentido amplo, exercendo assim a crítica às desigualdades escolares, ao atrelamento da educação aos interesses do mercado, a alienação do trabalhador etc. Embora diferentes, as duas perspectivas em questão tinham em comum o fato de abordarem a qualificação do trabalho a partir de seu alinhamento/realinhamento às exigências das mudanças de ordem técnica e de gestão do trabalho, seja para endossá-las ou para criticá-las. Ambas as perspectivas, então, tenderam a uma concepção *substancialista* de qualificação (cf. a seção seguinte). É nesse quadro que muitos educadores fizeram ao longo de seus estudos o uso da noção de qualificação profissional e hoje também utilizam a noção de competências. Contudo, existe aí um detalhe importante: poucos eram os estudiosos que conheciam a qualificação profissional no sentido de categoria teórica, campo específico de análise e produção de conhecimento.

> [...] pode-se afirmar, com certa ousadia, mas sem medo de cometer um erro crasso, que os conhecimentos sobre a qualificação profissional, como categoria teórica e campo de estudos, eram do domínio de poucos educadores, mesmo entre os que atuavam no campo da educação profissional, embora os estudos da sociologia do trabalho já se debruçassem sobre a questão desde a década de 1940, com as investigações de Friedmann e, posteriormente, de Naville, na década de 1950 (Ferretti, 2004, p. 404).

Esse problema relativo ao conhecimento da qualificação profissional como categoria teórica e campo de estudos parece compor um fundo a partir do qual é possível melhor visualizar a propriedade e a impropriedade das argumentações presentes nos estudos e reflexões que tocam em questões tão complexas como o trabalho, a educação e a formação profissional. Não é preciso ser muito imaginativo para visualizar a confusão que se instala quando novos termos surgem disputando espaço em um terreno em que os próprios termos anteriores são pouco compreendidos. Diante disso, o mero intercâmbio entre qualificação e competência não foi raro, bem como a contraposição esvaziada de sentido não tardou a acontecer. Avançar na compreensão do que representa a qualificação profissional parece ainda fundamental. Daí a importância de se recorrer a uma subdisciplina da sociologia que há décadas tem a qualificação do trabalho como objeto de estudo: a Sociologia do Trabalho.

Um diálogo com a Sociologia do Trabalho

A Sociologia do Trabalho, particularmente a de matriz francesa, produziu desde a sua institucionalização nos anos 1940 estudos teóricos e empíricos de grande envergadura.[4] Entre esses estudos duas tendências ganham proeminência, sendo comumente denominadas como uma perspectiva *substancialista* da qualificação, associada às pesquisas de G. Friedmann; e como uma perspectiva *relativista* da qualificação, sendo associada às pesquisas e à abordagem iniciada por P. Naville. Na sequência do texto retomarei um pouco do debate entre os dois autores e tentarei evidenciar em que aspectos a recuperação dessa discussão pode contribuir para uma compreensão mais abrangente e mais rigorosa do que se entende por qualificação e competências profissionais. Antes de prosseguir é oportuna uma advertência: a Sociologia do Trabalho não é a única disciplina "autorizada" a discorrer sobre a qualificação do trabalho, pois a rigor esse é um tema que se aproxima de preocupações de certas vertentes da psicologia, da economia, da história etc. A qualificação do trabalho e a noção de competências não são, como bem observa Dubar (1998), apanágio dos sociólogos. É então com essa consciência que apresento a discussão a seguir, primeiramente situando o quadro em que emerge o debate sobre a qualificação profissional e depois marcando alguns dos traços que distinguem uma perspectiva *substancialista* de uma perspectiva *relativista*, distinção essa que se bem compreendida pode ser de grande relevância para a constituição de um corpo teórico e metodológico mais refinado para os estudiosos da área da educação que transitam pelos temas ligados ao trabalho e à formação. Entendo que é no interior desse debate que a noção de competências pode ser mais bem compreendida.

---

4. Existem diferentes tradições no âmbito da Sociologia do Trabalho, todas elas marcadas por ênfases e traços próprios aos seus contextos de origem, especialmente o relativo aos debates travados entre os pesquisadores e seus respectivos pontos de vista. O leitor interessado poderá encontrar uma boa análise dessas tradições em Castro e Guimarães (1991), em Paiva (1989) e em Stroobants (2007). No presente texto, deterei-me na Sociologia do Trabalho de matriz francesa e, dentro dela, no debate entre Friedmann e Naville. Isto por dois motivos: primeiro por entender que a amplitude e originalidade da perspectiva relativista de P. Naville é atual e de grande fertilidade, em segundo lugar porque a discussão sobre as tensões entre qualificação e competências na França parece ter repercutido na literatura do campo educacional brasileiro, o que envolve precisar melhor os termos da discussão.

O panorama do pós-guerra

A traumática II Guerra Mundial não trouxe apenas impactos imediatos para os franceses. O período que imediatamente a sucede impôs o enfrentamento de suas repercussões econômicas e sociais em um quadro que a estrutura ocupacional se modificava, o perfil dos trabalhadores e as necessidades de formação também. Trata-se de um contexto em que "predominam, simultaneamente, 1) a forte imagem da técnica com a consolidação do maquinismo e 2) os problemas de reconstrução e industrialização do país: emprego, formação, realocação, transferência e reclassificação da mão de obra" (Tartuce, 2002, p. 60). Essas mudanças econômicas e sociais, obviamente, não se davam exclusivamente em um só país, outros países também sofriam, de diferentes modos, os impactos da guerra. Todavia, no contexto francês os caminhos seguidos foram bem peculiares. Algumas das importantes questões a serem enfrentadas eram a da disparidade entre os salários, a confusa situação de remunerações muito diferentes para as mesmas atribuições e a carência de trabalhadores qualificados. A resposta a essas questões consistiu na elaboração de um sistema que conferisse maior equilíbrio à situação e corrigisse as disparidades entre as remunerações, retomando o princípio sindical de que: "Para trabalho igual, salário igual" (Dadoy, 1973, p. 131). Vem daí o importante papel atribuído aos processos de classificação das capacidades humanas nas atividades de trabalho que vão conduzir a qualificação profissional a uma posição de destaque, mobilizando a intervenção estatal e a pressão dos sindicatos.

> Os trabalhadores vão se organizar e negociar normas de referência, primeiro ao nível da empresa, depois da localidade e finalmente do ramo profissional. Essas normas constituem, pois, as tentativas de padronização e objetivação dos modos de comparação de diferentes capacidades de trabalho, visando torná-las relativamente independentes dos atributos individuais dos trabalhadores [...]. Essas normas darão origem às classificações profissionais, que ordenam hierarquicamente as qualificações de um grupo de indivíduos por meio dos postos de trabalho (*métier*) e definem, assim, as regras que irão reger a trajetória profissional dos assalariados, isto é, o

contrato de trabalho: o recrutamento, a remuneração, os níveis e a hierarquia de salários [...] (Tartuce, 2002, p. 23).

Esse modelo de classificação profissional já existia em 1936 sob forma de sistema oficial de referência, sendo reformulado no pós-guerra ficou comumente conhecido como as classificações Parodi, em referência ao ministro do trabalho da época, Alexandre Parodi (Tartuce, 2002; Stroobants, 2007). Essa hierarquia dos postos de trabalho tinha como critério fundamental a duração e o tipo de formação e funcionava com base na distribuição de uma pontuação a ser multiplicada diferencialmente conforme níveis.

A cada escalão na grade profissional — estreitamente vinculada à função desempenhada — corresponde um coeficiente que, multiplicado por um valor de referência, dará o salário mínimo [...]. Assim, estabelecidas em nível de ramo de atividade pelas convenções coletivas, as grades Parodi classificam e hierarquizam os indivíduos por meio dos postos de trabalho e funcionam, a partir daí como uma base para definir as regras que determinam as principais fases da troca do trabalho [...] (Tartuce, 2002, p. 63).

Mas é preciso esclarecer melhor o que concretamente isso significa: com as classificações profissionais os trabalhadores foram resguardados do enfrentamento individual no mercado de trabalho, ou seja, não eram os indivíduos o objeto de hierarquização, mas os postos de trabalho, sendo a formação a senha para seu acesso. Esta será uma característica muito própria ao contexto francês, possibilitando aos trabalhadores ocuparem os postos de trabalho com base no critério da formação e introduzindo uma trajetória profissional relativamente estável.[5] É oportuno ressaltar que é justamente esse caráter estável e igualitário no que se refere à qualificação profissional que será posto em xeque com a emergência da noção de competências, daí é possível compreender as polêmicas que suscitou.

---

5. A avaliação que se exerce em relação à qualificação do trabalho varia muito conforme os países, assim, se na França a hierarquização das qualificações remete aos postos de trabalho, na Alemanha a hierarquização é elaborada a partir dos indivíduos. A esse respeito cf. Dubar (1998) e Stroobants (2007).

Pois bem, é nesse quadro do pós-guerra que a qualificação do trabalho se transforma no objeto privilegiado pela Sociologia do Trabalho na França (Tartuce, 2002), uma disciplina que impulsionada por seus pioneiros, Friedmann e Naville, buscará compreender as transformações no mundo do trabalho de uma sociedade marcada pelos efeitos da guerra, pela industrialização, pelo progresso técnico e, posteriormente, da automação. Posto isto, é importante agora explicitar os traços centrais das duas grandes tradições que resultaram dessas discussões: a perspectiva *substancialista* e a perspectiva *relativista* da qualificação do trabalho.[6]

Qualificação do trabalho: do valor inerente ao socialmente construído

Como já apontado, o pós-guerra foi marcado por mudanças muito significativas no mundo do trabalho (industrialização, aceleração do progresso técnico, exigências de formação etc.), uma situação em que a sociedade parecia fervilhar com as transformações em curso e os desafios a serem superados. Embora tendo iniciado suas pesquisas em momentos ligeiramente diferentes, Friedmann e Naville se viram frente à necessidade de compreender o trabalho humano em uma realidade bastante complexa e na qual se entrevia o problema da automação, preocupação marcante nas reflexões e pesquisas de Naville. Todavia, se existiam exigências postas pelo mundo do trabalho, a resposta que ambos os autores deram possuem diferenças que não podem ser desprezadas.

O problema da qualificação do trabalho em Friedmann, é importante reter esse aspecto, está ligado à *complexidade* da atividade a ser realizada e do *saber* necessário para isso; trata-se de uma sociologia preocupada com o ser humano no trabalho e os efeitos das mudanças técnicas sobre

---

6. Frente a um tema tão complexo, dada a profundidade e a amplitude das pesquisas de Friedmann e Naville, não tenho absolutamente nenhuma pretensão de passar a obra desses autores em revista. Esta é tarefa para uma pesquisa específica e que, em verdade, já foi realizada, trata-se do estudo desenvolvido por Tartuce (2002). Trabalho de grande rigor e envergadura, a autora aborda o debate entre os pioneiros da Sociologia do Trabalho francesa e evidencia bem a atualidade das questões por eles levantadas ainda em meados do século XX. O recorte que faço visa tão somente expor os traços fundamentais das duas abordagens da qualificação.

ele (Tartuce, 2002; Ferretti, 2004). Diferentemente da sociologia de matriz norte-americana, de viés funcionalista e muito próxima aos interesses patronais, a tradição sociológica de estudos do trabalho aberta por Friedmann é decididamente crítica ao taylorismo. É assim que: "A sociologia do trabalho tem, na França, uma tradição de denúncia dos efeitos nocivos da técnica sobre o homem. Na França, a sociologia do trabalho rima com crítica ao taylorismo" (Linhart, 2007, p. 15). Friedmann, ainda nos anos de 1940, foi justamente o primeiro a sistematizar essas análises indo ao local onde o taylorismo trazia consequências mais graves, "nas cadeias de montagem, principalmente nas fábricas de automóveis, onde a racionalização e a desqualificação tomavam formas mais marcantes, e onde a resistência operária era também mais evidente" (Linhart, 2007, p. 15). No curso de suas investigações, pela observação direta nas empresas, ele identifica tanto movimentos em direção à desqualificação como em direção à requalificação, isto porque a racionalidade taylorista que ele visualizava nas empresas parecia que se apoiava em um grande conjunto de trabalhadores em tarefas repetitivas e fragmentadas, ao passo que de uma porção menor era demandada uma formação de maior duração e com maior capacidade intelectual. Diante dessa dupla consequência da mecanização e da automação, Friedmann formula pela primeira vez a tese da polarização das qualificações, tese que será muito influente na literatura sociológica (Tartuce, 2002).

A perspectiva de análise iniciada com Friedmann ficou comumente conhecida como uma concepção *substancialista* de qualificação. Isto porque ela toma como base a qualidade e a complexidade das tarefas para daí derivar os atributos dos trabalhadores, o que resulta na apreensão das qualidades do trabalho a partir dele mesmo (o que faz que essa concepção também seja conhecida por *essencialista*). Tartuce (2002) aponta que Friedmann investe seus esforços na compreensão do processo de apropriação do saber do trabalhador pela máquina e/ou organização capitalista, abordando a qualificação como um objeto que pode ser dimensionado tendo como parâmetro a frequência com que a atividade intelectual é exigida. Assim, na concepção substancialista, a qualificação se liga às demandas impostas a partir do progresso tecnológico. A ideia é de que o desenvolvimento da tecnologia irá requerer que o trabalhador acompanhe esse movimento de mudanças e desenvolva habilidades, conhecimentos e saberes para tal. Portanto, é o conteúdo do trabalho que muda, ou seja, está-se aqui no âmbito do maquinário, das ferramentas, dos procedimentos, fazendo com que o trabalhador repercuta esse processo.

Pois bem, o leitor já deve ter percebido que esse modo de se conceber e analisar a qualificação não tem nada de distante, sendo o ângulo habitualmente utilizado nos debates que circundam a relação entre trabalho e educação. A questão é que a concepção substancialista de qualificação tem grande presença nas discussões sociológicas, sendo ainda hoje a perspectiva predominante (Tartuce, 2002; Stroobants, 2007). No Brasil, uma obra que é bastante representativa da concepção substancialista e encontrou grande circulação no meio acadêmico foi *Trabalho e capital monopolista*, de H. Braverman. A base de suas proposições assentava-se na tese da progressiva e inexorável degradação do trabalho sob o capitalismo (Braverman, 1980). Ora, é difícil não ver aí a existência da ideia de uma unidade original que teria sido rompida, daí a representação do artesanato como trabalho qualificado, afinal, nele o trabalhador era o senhor de seu ofício, do tempo laboral despendido, dominava e conhecia todo o processo de trabalho[7] (no ensino, apesar do óbvio anacronismo, essa imagem de trabalho unitário e "qualificado" é muitas vezes fornecida pela figura do mestre-escola). Bravermam encontrou bastante acolhida no campo da educação.

No âmbito das discussões da área educacional sobre os desdobramentos da divisão técnica do trabalho na constituição do trabalhador e sua qualificação profissional, as teses de Braverman (1980) sobre a desqualificação encon-

---

7. Em P. Naville, diferentemente, não tem sentido argumentar por um domínio perdido. O autor observa que ao longo da história ofícios surgem e desaparecem, o movimento da história envolve transformação, mudança, não se deve então falar em recomposição do trabalho ou requalificação profissional, mas de transformação das qualificações, de exigência de outras qualificações (cf. Tartuce, 2002). Naville se move aqui na herança marxiana, da qual é grande conhecedor. Em Marx, existe crítica ao modo de produção capitalista, mas existe também uma dialética rica e profunda que não permite que as questões sejam postas em termos lineares. O capitalismo em Marx, lembrando aqui o filósofo R. Fausto, é uma *progressão-regressão*.

traram enorme acolhida, pois ao produzirem uma ácida crítica à relação progresso técnico/desqualificação, estendendo, para um amplo e significativo setor dos trabalhadores do setor de serviços o processo de parcelarização, rotinização e degradação do trabalho que já se fizera presente desde o desenvolvimento da maquinaria, ofereciam os argumentos empíricos não apenas para evidenciar o processo de alienação a que estavam submetidos os operários e trabalhadores em certos setores dos serviços, mas também a perda de saberes que cada vez mais eram transferidos para as máquinas e os equipamentos (Ferretti, 2004, p. 406).

Uma observação muitas vezes já feita sobre isso, mas que vale a pena ser mencionada por seu valor didático, é a de que o modelo de análise subjacente a estas proposições se sustenta em três momentos: o primeiro é o do artesanato (o saber e o domínio do trabalho guardam unidade no trabalhador), o segundo é o da manufatura e do industrialismo (decomposição das atividades pela divisão técnica do trabalho e submissão do trabalhador à máquina), o terceiro momento é o da requalificação (a dinâmica do mundo do trabalho traria de volta a possibilidade de recomposição das tarefas, retomando a necessidade de uma formação ampliada e a requalificação do trabalho). Estes momentos correspondem ao que Paiva (1989) denomina de esquema trifásico. Tal esquema de análise permite não somente entender os pressupostos que compõem o fundo pelo qual se movem as teorizações derivadas de um autor preocupado com as transformações do mundo do trabalho nos anos 60 e 70, como Braverman, mas permite também entender temas mais atuais, como a noção de competências (isto do modo como ela vem sendo vulgarizada pela literatura, como lista de atributos individuais, exigências em relação ao modo de ser, de disposições pessoais, habilidades cognitivas e comunicacionais[8]). A questão é que o raciocínio de fundo é o mesmo, seja para baixo (desqualificação) ou para cima (requalificação associada ao modelo das competências), não se escapa dos limites estreitos da análise dos conteúdos do trabalho: é a atividade de trabalho em suas qualidades inerentes, essenciais mesmo, que é considerada. "Em ambos os casos, a

---

8. Cf. Machado (1998) e Stroobants (2004).

qualidade do trabalho (negativa, depois positiva) supostamente dá conta da qualificação dos trabalhadores. O mecanismo é o mesmo, mas o sentido dos sinais está invertido" (Stroobants, 2004, p. 138). Pierre Naville, por sua vez, adota outro ângulo para abordar a questão.

Sem negar as mudanças de ordem técnica do trabalho, mas incorporando-as a um enfoque mais abrangente que abarca a dimensão histórica e comparativa, Naville (1956) constitui uma concepção de qualificação que é tecida a partir de uma diversidade de elementos que inclui as mudanças provocadas pelo avanço tecnológico sobre o trabalho humano, mas que não é de forma alguma restrita a elas. Assim, para Naville, a qualificação não é algo capaz de ser apreendido a partir de suas características intrínsecas, pois ali se misturam elementos múltiplos e heterogêneos (por exemplo, variâncias regionais, perfil da população, a estrutura da economia, as questões de gênero, idade, entre outros aspectos). Em sua conhecida definição ela "Fundamentalmente, é uma relação entre certas operações técnicas e a estimativa de seu valor social" (Naville, 1956, p. 129). Em outras palavras, a qualificação do trabalho se constitui não só por um processo circunscrito aos seus atributos supostamente inerentes, mas também pela consideração social desses atributos: as diferentes sociedades vão considerar uma atividade de trabalho não por seu valor absoluto, mas segundo uma variação que remete a um julgamento mais moral e político do que técnico (Naville, 1956, p. 12). Esse é um dos elementos que ajudam a compreender por que homens e mulheres muitas vezes realizam a mesma atividade profissional com igual competência e quando se avalia o conjunto dos salários as mulheres têm salários mais baixos. Esta não é uma realidade própria ao trabalho em outros setores econômicos e ramos de atividade, mas algo que se apresenta também no ensino. Por exemplo, o cálculo por mediana[9] dos rendimentos mensais do magistério indica salários para as mulheres da ordem de R$ 840,00 e para os homens R$ 1.200,00, desigualmente distribuídos ao longo dos níveis e modalidades de ensino, nos termos que as professoras da Educação Infantil recebem os salários

---

9. A mediana recorta a faixa central dos rendimentos e, assim, atenua a comum disparidade verificada quando se utilizam médias.

mais baixos.[10] Isso sinaliza que, para além de qualquer qualidade intrínseca, existem mais ingredientes compondo a avaliação da qualificação. Nessa balança que pesa o trabalho inscrito na relação social do salariado existe não somente um diploma, não somente uma formação. É isso que conta M. Alaluf ao comentar que a qualificação

> é dada *a priori* como uma evidência. Um médico é mais qualificado que um pedreiro, e um pedreiro qualificado vale mais que um iniciante. Se um ganha mais que o outro, é em razão de sua qualificação. Com a qualificação aborda-se então uma questão bem circunscrita: aquela da hierarquização dos indivíduos em função das tarefas que eles são obrigados a realizar em seu trabalho. Todavia, perde-se rapidamente nos meandros desta evidência. O médico é mais qualificado que o pedreiro porque ele estudou por mais tempo matérias complexas. A qualificação não seria então ligada apenas ao trabalho, mas também à escola. Se o número de médicos aumenta consideravelmente, sua renda tende assim a baixar. É também a raridade de uma competência que faz seu valor; ela é, pois, um assunto de mercado. O médico é mais qualificado na medida em que sua atividade é principalmente intelectual, enquanto a do pedreiro é manual. A diferença realça então igualmente as formas de divisão do trabalho e a apreciação que cada um faz dos trabalhos manuais e intelectuais. O médico, como o pedreiro, é avaliado também por aquilo que ele é não somente em seu *métier*, mas também na maneira de morar, de se vestir, de viver seus lazeres e suas férias, de se comportar em sociedade (Alaluf, *apud* Tartuce, 2002, p. 2).

Deste modo, ao lado do saber específico demandado por uma atividade de trabalho, existem outros elementos compondo o quadro no qual se considera a qualificação de um indivíduo, tais como as pressões de mercado, os distintos valores socialmente atribuídos a certas ocupações consideradas nobres, *habitus* de classe etc. Mas voltando a Naville, é importante perguntar pelos motivos que o levam a propor que a qualificação

---

10. Dados da Pesquisa Nacional por Amostra de Domicílio (PNAD), apresentados no estudo desenvolvido por Aparecida Neri de Souza no seminário "Trabalho docente e artístico: força e fragilidade das profissões", realizado na Faculdade de Educação da UNICAMP em 2006. Uma síntese do referido estudo pode ser conferida em Souza (2007).

seja compreendida como uma relação social. O problema central para ele parece estar no quadro societário que se desenrola com o capitalismo.[11]

Para Naville (1956), cada sociedade trata o problema da qualidade do trabalho de modo diferente, cada época histórica oferece suas próprias respostas ao problema da qualificação, pois, a rigor, toda atividade humana pode ser mais ou menos qualificada. Sob o capitalismo, todavia, essas qualidades do trabalho são objeto de apreciação quanto a seu valor econômico. Mas não é somente isso, o capitalismo marca uma maneira diferente de organizar o trabalho e a formação. Se até a época de Adam Smith, diz Naville, a qualificação do trabalho não remetia ao juízo eminentemente econômico, sendo estreitamente ligado à pessoa, o mesmo não acontece à medida que o sistema do capital se aprofunda: o capitalismo separa não somente o trabalhador do produto de seu trabalho, mas separa igualmente a preparação para o trabalho do lugar de seu efetivo exercício.[12] Portanto, diferentemente dos antigos processos de identificação entre aprendizado e trabalho, o capitalismo promove a separação entre o formar e o trabalhar, não se é mais educado *no* e *pelo* trabalho, mas, antes de mais nada, estabelece-se um corte que separa o aprender e o exercer uma atividade profissional específica. De maneira diversa ao artesão que se tornava ferreiro forjando, as competências formadas na escola serão objeto de avaliação no mercado de trabalho (Stroobants, 2004).

Assim, diante da cisão entre formação e trabalho, não faz sentido identificar a qualificação diretamente com o conteúdo, as características e especificações do trabalho, sendo o caminho mais fértil o de relacionar a esfera que comporta a formação e a esfera que comporta o trabalho, observando os conflitos entre ambas (Tartuce, 2002). Em outros termos, não se trata mais de tomar o trabalho em si para a análise, mas de fazê-lo

---

11. Caberia aqui também acrescentar a questão do tempo necessário de aprendizagem como critério de qualificação em Friedmann e Naville, o que demandaria passar pela teoria do valor em Marx. Nos limites do presente texto, obviamente, isso não será possível. O leitor interessado poderá encontrar essa discussão no trabalho de Tartuce (2002) e no próprio Naville (1956).

12. Stroobants explica que nas antigas corporações a relação que seguia do aprendiz ao mestre se estruturava em um processo no qual o aprendizado se enlaçava com o próprio exercício do ofício. O salariado marca um corte progressivo nesse processo. A separação entre formação e emprego é um corolário do salariado (Stroobants, 2007, p. 67).

relacionando a formação e a atividade profissional. Enfim, o encadeamento dessas questões delineia um quadro em que vai ficando cada vez mais visível que a qualificação é uma construção social, sendo igualmente mutilante tanto tentar apreendê-la se restringindo à dimensão da formação como ao trabalho em si. Ilustrativo disso é a situação em que o nível de cultura e a aprendizagem que incrementa o exercer de uma determinada atividade não se realiza por não encontrar reconhecimento social de sua pertinência, não encontra salário nem reconhecimento simbólico, perde valor, sendo esse o caso dos diplomados que não encontram mais disponíveis as ocupações profissionais que seu certificado permite aceder. As qualificações sem emprego, sem colocação no mercado, afirma Naville (1956), deixam de ser socialmente qualificações.

A constatação acima não é válida somente para o universo do trabalho assalariado convencional, como o trabalho na indústria.[13] É importante sublinhar que no âmbito da educação escolar isso também pode ocorrer: quantas disciplinas, habilitações etc. ao desaparecem ao longo da história não levaram consigo as qualificações de seus docentes? Tal qual o acendedor de lampiões que outrora exercia seu ofício com maestria na cidade do Rio de Janeiro e que viu suas qualificações se esfumaçarem com o advento da energia elétrica ao longo do século XX, esses profissionais do magistério cessam de ser socialmente qualificados.

Portanto, e em resumo, a qualificação do trabalho em Naville, no melhor estilo dialético, *põe* em relação duas esferas distintas, a esfera da formação (em sentido amplo) e a do trabalho, e *pressupõe* uma análise balizada pelas variâncias históricas, geográficas, pressões de mercado, aspectos culturais etc. A educação formal (escolar e profissional) tem aí seu lugar, ela possui importante papel, mas em si não abarca todo o pro-

---

13. Não é somente o trabalho assalariado ou o trabalho na indústria que é alvo de apreciação quanto a seu valor social. As atividades que fogem ao modelo ordinário do trabalho em nossa sociedade, como o trabalho do artista, um pintor, por exemplo, também não escapam ao mesmo processo descrito no parágrafo anterior. Não importa a forma que assuma esse trabalho, se é o do piloto de avião, do joalheiro, do bailarino, do músico etc., os produtores nunca terão seu uso somente para si, têm então de submeter o que produzem à apreciação social, pois que apenas produzir não basta. Resulta aí que toda arte, em determinado momento, é submetida às exigências econômicas e deve encontrar o seu mercado (Naville, 1956).

blema da qualificação, pois os atributos dos indivíduos precisam ser reconhecidos em outra instância, no mundo do trabalho. Concretamente, isso também significa que o reconhecimento social de um grupo profissional não está circunscrito pela qualidade supostamente elevada dos conteúdos da atividade em questão, sendo preciso, pelo menos, levar em consideração as disputas, estratégias e imposições no quadro das relações de força entre capital e trabalho. Em Naville, a qualificação é uma questão de "saber" e também de "poder" (Tartuce, 2002, p. 199). Assim, pensando aqui no caso do ensino, alguns estudiosos (eu diria, mais pressentindo que identificando a natureza do problema que tangenciam) prudentemente não deixaram de observar que "a qualidade de um saber não constitui uma garantia automática do reconhecimento social de uma profissão" (Gauthier, 2006, p. 34).

Cinco pontos para concluir

1) A noção de competências não parece ter interpretação unívoca entre os pesquisadores. Se a incorporação acrítica é uma limitação que transparece em alguns estudos e na política educacional, o discurso hipercrítico não parece estar em melhor situação. Isto porque parte das críticas, ao que parece, se funda na apropriação de disputas políticas próprias ao contexto francês (o modelo de competências questiona as formas de carreira, remuneração e a relativa estabilidade e organização conferida pelas classificações profissionais). Instrutivo disso é que a entrada comum nessa discussão é a da contraposição entre qualificação e competências, em larga medida, pela via de *Saberes e competências: o uso de tais noções na escola e na empresa*, obra organizada por Ropé e Tanguy (2004) cuja pesquisa, financiada pelo Ministério da Educação Nacional na França, reúne vários pesquisadores que se debruçaram sobre as questões derivadas do quadro social vivenciado naquele país e que precisavam ser compreendidas.[14] No Brasil, diferentemente, a mobilização dos traba-

---

14. A crítica que aqui realizo não avalia nenhum sentimento de oposição à literatura estrangeira ou qualquer postura pretensamente "anticolonialista". No âmbito da cultura as coisas não podem

lhadores, as lutas sindicais, a intervenção do Estado, nunca resultaram em codificação de qualificações como na França do pós-guerra: "como então se pode contrapor competência a algo que nunca tivemos?" (Tartuce, 2002, p. 189). Bem entendido, isso não significa que não se possam abordar as questões atinentes à noção de qualificação e competências em nosso país. Primeiro porque, se seguirmos Naville, a qualificação é um fenômeno presente nas sociedades humanas, recebendo seus contornos mediante múltiplos e variados fatores; em segundo lugar, porque o discurso das competências profissionais aportou por aqui (muito embora seja preciso ainda investigar sua concretude). As mudanças no mundo do trabalho necessitam ser mais bem compreendidas, principalmente é preciso situar o Brasil nesse contexto, afinal, "justamente por não termos essa formalização prévia, essa contratação coletiva e homogeneização de salários [como na França], a passagem da qualificação para a competência pode aqui se tornar sinônimo de maior desregulamentação e deixar mais vulnerável os trabalhadores" (Idem, ibidem, p. 189). Enfim, é preciso efetuar distinções entre o exame crítico da noção de competências e os debates políticos característicos de outros contextos. Se a postura crítica tem sua pertinência na França e no Brasil, o mesmo não se pode dizer da apropriação direta do debate político.

2) As duas grandes tradições aqui apresentadas não devem ser definidas como modos corretos ou incorretos de se abordar a questão da qualificação. Ambos os seus autores fundamentais, G. Friedmann e P. Naville, estruturaram obras de grande complexidade e rigor científico, não podem ser colocados em caixas apertadas, reféns de um pensamento binário demais. De modo geral, é possível dizer que a perspectiva *relativista* ultrapassa o escopo das análises presentes na perspectiva *substancialista*, mas ultrapassa incorporando e indo além, sendo assim mais ampla. As pesquisas no âmbito da educação muito se beneficiariam de uma abordagem mais refinada no que se refere aos estudos sobre a for-

---

ser postas nesses termos. Seguindo Rouanet (1987), diria que um autor como o filósofo alemão T. Adorno tem mais a ver com as questões vivenciadas pela população brasileira que alguns de nossos *best-sellers* que empunham a bandeira nacional. A questão em tela é de outra ordem.

mação docente, o trabalho do professor, a profissionalização do magistério etc. A concepção relativista de qualificação oferece, assim entendo, a melhor potência analítica para lidar com essas complexas temáticas.

3) A qualificação do trabalho compreendida pela perspectiva *relativista*, portanto, como uma relação social constituída por elementos múltiplos e heterogêneos, pode ser desenvolvida em composição com outras perspectivas analíticas que igualmente tenham em conta uma perspectiva ampliada do trabalho humano. Assim, pode ser complementada pela identificação das dimensões que a compõem (a dimensão conceitual, a dimensão social e a dimensão experimental) e a competência profissional pode ser investida de um sentido mais rico se tomada pelos diversos ingredientes que a integram. Tais questões compõem uma filosofia que trabalha muito próxima às preocupações da Ergonomia da Atividade e que tem em Y. Schwartz um de seus principais nomes. Em diversos estudos Schwartz[15] mostra a importância de se compreender os aspectos individuais e coletivos do trabalho, os usos do corpo, a questão da saúde, a fecundidade do cruzamento entre o saber conceitual e as "exigências do terreno", as demandas da gestão, o investimento que o trabalhador faz de si mesmo na atividade. Questões que, novamente afirmo, matizam, fornecem mais cores a uma discussão que é realmente difícil: o trabalho humano não se deixa apreender facilmente.

4) Se o trabalho humano é algo tão complexo, uma única disciplina não poderá dimensioná-lo satisfatoriamente,[16] daí a importância do diálogo entre as diferentes especialidades disciplinares que tem o trabalho como objeto de estudo, como, por exemplo, a Psicologia do Trabalho, os estudos da Linguística sobre a linguagem nas situações de trabalho, a Ergonomia da Atividade e a Sociologia do Trabalho. Para o campo da educação esse é um caminho que tudo indica ser muito promissor, avan-

---

15. Cf. Schwartz (1988, 1992, 1998).

16. Ainda no início dos anos 1960, Friedmann e Naville já apontavam a importância de se agregar diferentes enfoques nos estudos sobre o trabalho. Tais articulações, afirmam os autores, possibilitam variações de perspectivas e de compreensão dos fenômenos, constituindo relações complementares essenciais à eficácia das ciências sociais (Friedmann e Naville, 1992, p. 7).

çar nessa linha permitiria superar a *bravermania*[17] ainda viva entre alguns desavisados que insistem em uma linha de investigação que apresenta uma capacidade de análise questionável frente à complexidade do mundo do trabalho e que, na pretensão de iluminar, tende a obscurecer as questões fundamentais.

5) Em relação especificamente à Sociologia do Trabalho, esta tradicionalmente se voltou para o trabalho industrial e, notadamente, para o operariado, todavia em anos mais recentes alguns estudiosos têm buscado produzir investigações conduzidas por um interesse sociológico sobre o trabalho de ensinar.[18] Nesse aspecto, o intercâmbio com a Sociologia do Trabalho poderia possibilitar que a análise efetuada no campo educativo apreendesse melhor a dinâmica da realidade contemporânea, pois que as pesquisas vêm evidenciando que é muito difícil delimitar a emergência de novos modelos de organização da produção, para uns se trata de ruptura com o taylorismo/fordismo, para outros é algo improvável (Linhart, 2007). Para além de uma simples superação, o que se tem visto é uma realidade cada vez mais intrincada e contraditória, em que o novo se combina com a forma antiga e, no limite, pode-se ter uma atividade profissional que conjugue o máximo de tecnologia informacional e o máximo da gestão taylorista do trabalho; as centrais de atendimento, ou se se quiser, *call centers*, não deixam dúvidas quanto a isso (Venco, 2007). Uma análise mais cuidadosa do mundo do trabalho faz perceber que se existem mudanças em curso (e de fato existem), elas não parecem seguir em via única, pois a estabilidade, a remuneração e a exigência de certas qualificações não atingem o conjunto do mercado de trabalho, mas apenas uma parcela (Leite, 2005); as exigências em relação ao perfil do trabalhador variam fortemente conforme o setor na produção, o que faz com que setores com baixa incorporação de estratégias modernizadoras, como a indústria do vestuário, tenham realidades muito diferentes de indústrias com alta adoção das referidas estratégias, como na indústria petroquími-

---

17. A expressão é de Castro e Guimarães (1991).

18. Por exemplo, as pesquisas desenvolvidas por Demailly (1987) e, no Brasil, os trabalhos de Souza (2007) e Segnini e Souza (2003).

ca (Liedke, 2005). Enfim, o que é fundamental reter desses estudos é que não existe um único ritmo e direção de sentido para a alteração dos padrões de gestão e conteúdos do trabalho.

A noção de competências, bem entendido, não é regressiva *per se*, como também não pode garantir o que lhe escapa, visto que é a esfera do trabalho que a referenda. Delineando melhor o contexto em que essas questões se apresentam é que poderíamos questionar pelos limites, contradições e possibilidades oferecidas pela noção de competências profissionais.

Referências bibliográficas

ANTUNES, Ricardo. *Os sentidos do trabalho*: ensaio sobre a afirmação e a negação do trabalho. 4. ed. São Paulo: Boitempo, 2001.

ARAÚJO, Ronaldo M. L. Competência e qualificação: duas noções em confronto, duas perspectivas de formação dos trabalhadores em jogo. *Trabalho & Crítica*, Niterói, n. 1, p. 171-186, set. 1999.

BERGER FILHO, Ruy L. Apresentação. In: *Parâmetros Curriculares Nacionais*: Ensino Médio. MEC, Secretaria de Educação Média e Tecnológica. Brasília, 1999.

BRASIL. MEC/SEB. *Parâmetros Curriculares Nacionais para o Ensino Médio*. Brasília: MEC, 1999.

_____. MEC/CNE. Resolução n. 01/2002. *Diretrizes Curriculares Nacionais para a Formação de Professores para a Educação Básica*. Brasília, 2002.

BRAVERMAN, Harry. *Trabalho e capital monopolista*: a degradação do trabalho no século XX. 2. ed. Rio de Janeiro: Zahar, 1980.

BRUNO, Lúcia. Educação, qualificação e desenvolvimento econômico. In: BRUNO, Lúcia (Org.). *Educação e trabalho no capitalismo contemporâneo*. São Paulo: Atlas, 1996.

CAMPOS, Roselane F. Construindo o professor competente: as determinações do campo do trabalho na reforma da formação de professores. In: *Anais...* ANPEd, Caxambu, n. 25, 2002. CD-ROM.

CASTRO, Nadya A.; GUIMARÃES, Antônio S. A. Além de Braverman, depois de Burawoy: vertentes analíticas na sociologia do trabalho. *Revista Brasileira de Ciências Sociais*, n. 17, p. 44-52, out. 1991.

CUNHA, Daisy M. Saberes, qualificações e competências: qualidades humanas na atividade de trabalho. In: *Anais...* ANPEd, Caxambu, n. 28, 2005. CD-ROM.

DADOY, Mireille. Les systèmes d'évalutation de la qualification du travail: pratique et idéologie. *Sociologie du Travail*. Spécial "La qualification du travail", n. 2, p. 115-135, avril/juin, 1973.

DAMBISKI, Kátia C. Trabalho e formação docentes: tendências no plano das políticas e da literatura especializada. In: *Anais...* ANPEd, Caxambú, n. 29, 2006. CD-ROM.

DEMAILLY, Lise. La qualification ou la compétence professionnelle des enseignants. *Sociologie du travail*, 29 (1), p. 59-69, 1987.

DUBAR, Claude. A sociologia do trabalho frente à qualificação e à competência. *Educação & Sociedade*, Campinas, v. 19, n. 64, p. 87-103, set. 1998.

FACCI, Marilda G. D. *Valorização ou esvaziamento do trabalho do professor?* Um estudo crítico-comparativo da teoria do professor reflexivo, do construtivismo e da psicologia vigotskiana. Campinas: Autores Associados, 2004.

FERRETTI, Celso J. Considerações sobre a apropriação das noções de qualificação profissional pelos estudos a respeito das relações entre trabalho e educação. *Educação & Sociedade*, Campinas, v. 25, n. 87, p. 299-302, maio/ago. 2004.

FREITAS, Helena C. L. A pedagogia das competências como "política" de formação e "instrumento" de avaliação. In: VILLAS BOAS, Benigna M. F. (Org.). *Avaliação*: políticas e práticas. Campinas: Papirus, 2002.

FRIEDMANN, Georges; NAVILLE, P. *Tratado de sociología del trabajo* (T.1). México: Fondo de Cultura Economica, 1992.

GAUTHIER, Clermont. *Por uma teoria da pedagogia*: pesquisas contemporâneas sobre o saber docente. 2. ed. Ijuí: Unijuí, 2006.

LEITE, Márcia de P. O trabalho (re)visitado: uma discussão metodológica. In: GITAHY, Leda; LEITE, Márcia de P. (Org.). *Novas tramas produtivas*: uma discussão teórico-metodológica. São Paulo: Senac, 2005.

LIEDKE, Elida R. Reestruturação produtiva e qualificação para o trabalho. In: GITAHY, Leda; LEITE, Márcia de P. (Org.) *Novas tramas produtivas*: uma discussão teórico-metodológica. São Paulo: Senac, 2005.

LINHART, Danièle. *A desmedida do capital*. São Paulo: Boitempo, 2007.

MACHADO, Lucília. O "modelo de competências" e a regulamentação da base curricular nacional nacional e de organização do ensino médio. In: *Trabalho & Educação*. Belo Horizonte, n. 4, p. 79-95, ago./dez. 1998.

MARKERT, Werner. Novas competências no mundo do trabalho e suas contribuições para a formação do trabalhador. *Trabalho & Crítica*, São Leopoldo, n. 2, p. 31-43, set. 2000.

MELLO, Guiomar N. *Magistério de primeiro grau*: da competência técnica ao compromisso político. São Paulo: Cortez, 1982.

_____. *Cidadania e competitividade*: desafios educacionais do terceiro milênio. 10. ed. São Paulo: Cortez, 2005.

NAVILLE, Pierre. *Essai sur la qualification du travail*. Paris: Marcel Riviére, 1956.

PAIVA, Vanilda. *Produção e qualificação para o trabalho*: uma revisão da bibliografia internacional. Rio de Janeiro: UFRJ, 1989.

RAMOS, Marise N. *A pedagogia das competências*: autonomia ou adaptação? 2. ed. São Paulo: Cortez, 2002.

RIOS, Terezinha A. *Compreender e ensinar*: por uma docência da melhor qualidade. 6. ed. São Paulo: Cortez, 2006.

ROPÉ, Françoise; TANGUY, Lucie (Org.). *Saberes e competências*: o uso de tais noções na escola e na empresa. 5. ed. Campinas: Papirus, 2004.

ROUANET, Sérgio P. *As razões do iluminismo*. São Paulo: Companhia das Letras, 1987.

SAVIANI, Dermeval. *Pedagogia histórico-crítica*: primeiras aproximações. Campinas: Autores Associados, 1997.

SCHWARTZ, Yves. De la qualification à la competénce. La qualification à la recherche de sés conditions aux limites. In: SCHWARTZ, Yves. *Le paradigme ergologique ou un métier de philosophe*. 2. ed. Toulouse: Octairès Editions, 1992.

_____. *Experience et connaissance du travail*. Paris: Éditions Sociales, 1988.

_____. Os ingredientes da competência: um exercício necessário para uma questão insolúvel. *Educação & Sociedade*, Campinas, v. 19, n. 65, p. 101-140, dez. 1998.

SEGNINI, Liliana R. P.; SOUZA, Aparecida N. *Trabalho e formação profissional no campo da cultura*: professores, músicos e bailarinos (Projeto de Pesquisa). Universidade Estadual de Campinas, Faculdade de Educação. Departamento de Ciencias Sociais Aplicadas à Educação, abr. 2003.

SOUZA, Aparecida N. Professores, trabalho e mercado. In: ENCONTRO DE PESQUISA EM EDUCAÇÃO DA REGIÃO SUDESTE. *Anais...* Vitória, UFES, n. 8, 2007. CD-ROM.

STROOBANTS, Marcelle. *Sociologie du travail*. 2. ed. refondue. Paris: Armand Colin, 2007.

_____. A visibilidade das competências. In: ROPÉ, Françoise; TANGUY, Lucie (Org.). *Saberes e competências*: o uso de tais noções na escola e na empresa. 5. ed. Campinas: Papirus, 2004.

TARTUCE, Gisela L. B. *O que há de novo no debate da "qualificação do trabalho"? Reflexões sobre o conceito com base nas obras de Georges Friedmann e Pierre Naville*. Dissertação (Mestrado em Sociologia) — Faculdade de Filosofia, Letras e Ciências Humanas, Departamento de Sociologia, Universidade de São Paulo, São Paulo, 2002. 219 f.

VENCO, Selma. As trajetórias pessoais e profissionais: educação e ascensão social? In: *Anais...* ANPEd/Sudeste, Vitória, UFES, n. 8, 2007. CD-ROM.

ZIBAS, Dagmar. A reforma do ensino médio: da sutileza do texto à crueza do contexto. *Trabalho & Crítica*, Belo Horizonte, n. 8, p. 75-88, jan./jun. 2001.

Cromosete
Gráfica e editora ltda.
Impressão e acabamento
Rua Uhland, 307
Vila Ema-Cep 03283-000
São Paulo · SP
Tel/Fax: 011 2154-1176
adm@cromosete.com.br